Buchner

Das Phantom Dyskalkulie

Christina Buchner

Das Phantom Dyskalkulie

Warum Mathematikdidaktik in der Grundschule neu gedacht werden muss

Christina Buchner ist Rektorin a. D., war 40 Jahre im bayerischen Schuldienst, sowohl in der Grund- als auch in der Hauptschule. Sie ist seit vielen Jahren überregional in der Lehrerfortbildung tätig, hält Seminare und Vorträge für Lehrer, Lerntherapeuten und Eltern. Sie hat bereits zahlreiche Bücher publiziert. Frau Buchner lebt im Chiemgau und hat eine erwachsene Tochter.

Dieses Buch ist erhältlich als:
ISBN 978-3-407-63057-5 Print
ISBN 978-3-407-29555-2 E-Book (PDF)

1. Auflage 2018

in der Verlagsgruppe Beltz · Weinheim Basel
Werderstraße 10, 69469 Weinheim

Lektorat: Larissa Schönknecht
Layout/Reihenkonzept: glas ag, Seeheim-Jugenheim
Illustrationen/Abbildungen Innenteil: Getty Images: S. 19: kathykonkle / DigitalVision Vectors; S. 22: KristinaVelickovic / DigitalVision Vectors; S. 22–23: haya_p / DigitalVision Vectors; S. 26: askmenow / DigitalVision Vectors, cthoman / iStock / Getty Images Plus, ambassador806 / iStock / Getty Images Plus; S. 30: nicolecioe / DigitalVision Vectors, narvikk / E+, nickylarson974 / iStock / Getty Images Plus, Yuttapong / iStock / Getty Images Plus, GeorgePeters / DigitalVision Vectors, ourlifelooklikeballoon / iStock / Getty Images Plus, maroznc / iStock / Getty Images Plus; S. 59: Meinzahn / iStock / Getty Images Plus; S. 76: khalus / DigitalVision Vectors, Alliya23 / iStock / Getty Images Plus, Janista / iStock / Getty Images Plus; S. 77: geraria / iStock / Getty Images Plus; S. 117: teamplayfor / iStock / Getty Images Plus; S. 117–118: Ylivdesign / iStock / Getty Images Plus; S. 118: marnikus iStock / Getty Images Plus, vostal iStock / Getty Images Plus; S. 129: luplupme / iStock / Getty Images Plus
Umschlaggestaltung: Victoria Larson
Umschlagabbildung: istock © lukbar

Herstellung und Satz: Victoria Larson
Druck und Bindung: Beltz Bad Langensalza GmbH, Bad Langensalza
Printed in Germany

Weitere Informationen zu unseren Autoren und Titeln finden Sie unter: www.beltz.de

Inhalt

Vorwort

Noch ein Buch über Dyskalkulie! Gibt es denn dazu nicht bereits genügend Literatur? Das kommt ganz darauf an, was man erwartet. Eine weitere Beschreibung all der Schwierigkeiten, die auftauchen können, eine weitere Auflistung von möglichen Maßnahmen, ein weiteres Verunsichern der Lehrkräfte, die tagtäglich in der Schule ihr Bestes geben – so etwas brauchen wir wirklich nicht mehr.

Mir geht es um etwas anderes: Ich möchte Ihnen, liebe Kolleginnen und Kollegen, Denkwege aufzeigen, die im herkömmlichen Schulbuchunterricht nicht vorkommen und Sie ermutigen, diese auch zu beschreiten. Ich möchte Ihnen Lust machen, Ihre eigene pädagogische Kompetenz auszubauen und Sie darin bestärken, dieser dann auch zu vertrauen. Ich möchte Ihren Widerspruchsgeist wecken, wenn Ihnen suggeriert wird, von sogenannten Lernschwächen verstünden Sie zu wenig und deshalb müssten Sie bei Schwierigkeiten das Heft aus der Hand geben und Ihre Schüler den »Experten« überantworten. Ganz besonders wünsche ich mir, Sie mit meinen Ausführungen davon zu überzeugen, dass es in der »normalen« Regelschule möglich ist, einen Rechenunterricht mit »minimalem Dyskalkulierisiko« zu gestalten.

Ich möchte aber auch betonen, dass ich, auch wenn ich in allen meinen Büchern Selbstvertrauen und Autonomieanspruch der Lehrkräfte zu stärken versuche, mich hier nicht gegen die Berufsgruppe der Lerntherapeuten wende. Für Eltern, die am Verzweifeln sind, weil ihr Kind in der Schule nicht zurechtkommt, stellt die Möglichkeit der außerschulischen Hilfe einen Rettungsanker dar und es ist gut, dass es diesen gibt.

Dennoch: Ich plädiere entschieden dafür, dass wir in der Schule unser didaktisches Arsenal aufrüsten und mutig und beherzt in den Kampf um jeden einzelnen Schüler und jede Schülerin ziehen. Es wird sich lohnen!

Und damit Sie, liebe Leserinnen und Leser, meinen Ausführungen folgen können, ohne im Lesefluss behindert zu werden, werde ich mich jeweils nur an eines der beiden Geschlechter wenden, in der expliziten Absicht, beide anzusprechen. Die weibliche Form wird allerdings deutlich häufiger verwendet, denn in der Grundschule, um die es hier ja in erster Linie geht, sind es hauptsächlich die Frauen, die »Schule machen«.

Eine Anmerkung zu dem, was ich »Schulbuchunterricht« nenne, möchte ich noch machen. Mit dieser Bezeichnung soll nicht ein Feldzug gegen Schulbücher generell geführt werden, denn es gibt durchaus Möglichkeiten, diese Bücher sinnvoll einzusetzen. Ich bezeichne damit vielmehr einen Unterricht, in dem Bücher Seite für Seite einfach abgearbeitet werden, ohne auf die Struktur einer Klasse oder die individuellen Lernmöglichkeiten von Schülern im nötigen Umfang einzugehen. Dieses Eingehen ist aber die Voraussetzung dafür, dass alle Kinder die Chance bekommen, ihr Potenzial zu verwirklichen. Dazu möchte ich mit diesem Buch einen Beitrag leisten.

Traunstein, im September 2017 *Christina Buchner*

Einführung

»They seek him here, they seek him there.
Those Frenchies seek him everywhere.
Is he in heaven or is he in hell?
That demned elusive Pimpernel.«

aus dem Film »The Scarlet Pimpernel«
(dt.: Das scharlachrote Siegel, 1982, Regie Clive Donner)

Wie ist das nun mit der Dyskalkulie? Ist sie genetisch bedingt, also mehr oder weniger »schicksalhaft«? Ist sie zurückzuführen auf Defizite in der frühkindlichen Förderung? Entsteht sie erst in der Schule als Folge eines »schlechten« Rechenunterrichts? Können auch gut begabte Kinder davon betroffen sein? Kann man ihr zuvorkommen und sie verhindern? Warum tritt sie oft erst in der dritten Klasse auf?

Fragen über Fragen tauchen auf. Schwer fassbar scheint dieses Phänomen zu sein und das hat mich zu dem Vergleich mit der Romanfigur Scarlet Pimpernel angeregt, jenem mysteriösen Engländer, der in dem gleichnamigen Film zur Zeit der französischen Revolution unter Lebensgefahr viele Adelige aus Frankreich herausschmuggeln und in das sichere England bringen konnte. Vergeblich fahndeten Robespierres Schergen nach ihm. Ihn selbst konnte niemand fassen, nur seine Spur blieb unübersehbar überall dort zurück, wo er gewirkt hatte: Ein Blatt mit einer scharlachroten Blume.

Auch unsere rechenschwachen Kinder hinterlassen Spuren in Form von zahlreichen Symptomen, die allerdings zunächst einmal nicht so deutlich zutage treten wie die scharlachrote Blume, sondern erst nach und nach evident werden, oft erst, wenn viele Gelegenheiten für erfolgreiches Lernen ungenutzt verstrichen sind.

So scheint Dyskalkulie umzugehen wie ein Phantom: man sieht sie nicht, man hört sie nicht und plötzlich ist sie da, oft genug aus heiterem Himmel, ohne Vorwarnung und auch immer häufiger, wenn man die Häufigkeit an der zunehmenden Zahl von Diagnosen misst (Desselberger/Plewnia 2004).

Dass es so etwas wie dieses Phantom allerdings als ernstzunehmendes Hindernis für erfolgreiches Lernen wirklich gibt, ist in vielen Köpfen angekommen. So kann es zum Beispiel durchaus sein, dass die Mutter eines fünfjährigen Kindes sich Sorgen macht, weil sie beobachtet hat, dass dieses sich erste Rechnungen an den Fingern abzählt. Es wird doch nicht Dyskalkulie haben? Diese Mutter kann man leicht beruhigen.

Was aber kann man Eltern eines Drittklässlers sagen, die in der Sprechstunde der Klassenlehrerin sitzen und ratlos sind, weil ihr Kind doch bisher im Rechnen immer mitkam und nun plötzlich nicht mehr? Die richtige Auskunft wäre: Hier hat die Schule etwas übersehen, was ohne Weiteres evident gewesen wäre, wenn … Ja, wenn was?

- Wenn die Lehrerin einen besseren Rechenunterricht gemacht hätte? Nein – das wäre entschieden zu kurz gesprungen. Denn es kann nicht erwartet werden, dass ministeriell zugelassenen und vorher durch mehrere schlaue Gremien beurteilten Schulbüchern das grundsätzliche Misstrauen entgegen gebracht wird, sie könnten vielleicht gar nicht so zielführend sind, wie sie bei oberflächlichem Betrachten erscheinen mögen.
- Wenn die Lehrerin gewusst hätte, worauf sie achten muss? Ja – das ist sicher richtig. Nur: Wer sagt das den Lehrern? Werden sie nicht in Sicherheit gewiegt durch richtige Rechenergebnisse, die als Beweis für das Verstehen der jeweiligen Aufgabe gelten?

Das ist der entscheidende Punkt: Wir müssen zuerst einmal wissen, worauf überhaupt geachtet werden soll, denn nur dann sehen wir, wo Handlungsbedarf besteht.

»Du rechnest, wie du Verstand hast, Lina«, sagt Michels Mutter Alma Svenson in Astrid Lindgrens Buch über Michel aus Lönneberga zu ihrer einfältigen Magd (Lindgren 1972, S. 221). Und das ist auch unser Manko in der Schule: Wir wissen leider vieles nicht besser und handeln dann eben so, wie wir's verstehen.

Liebe Kolleginnen, Sie werden sich durch diese Äußerung nicht brüskiert fühlen, wenn ich Ihnen sage, dass es mir genauso ging: Mein Rechenunterricht war, bevor ich Anlass hatte, mich selber auf den Weg zu machen und mich zu emanzipieren von den gängigen Vorgehensweisen, alles andere als erfolgreich. Flapsig ausgedrückt möchte ich sagen: Er war grottenschlecht! Und dabei war ich immer eine fleißige und engagierte Lehrerin, die keine Mühen scheute, wenn es darum ging, Unterricht zu verbessern.

Aber ich konnte meine Schüler nicht auf die richtigen Denkwege bringen, kannte ich sie doch selber nicht. Es war wie bei der Magd Lina: Ich konnte nur so »rechnen, wie ich's verstand«.

Über den Anlass zu meiner »mathematischen Bekehrung« werde ich auf Seite 64 berichten. Lassen Sie uns zunächst einmal einige der Symptome betrachten, an denen das Etikett »Dyskalkulie« festgemacht wird:

- Zum Addieren und Subtrahieren werden beharrlich und trickreich die Finger eingesetzt, auch noch in der 2. und 3. Klasse.
- Platzhalteraufgaben bereiten größte Schwierigkeiten.
- Sehr oft ist das Ergebnis einer Rechnung um 1 zu groß oder zu klein.
- Sachaufgaben werden nur schematisch und deshalb auch oft falsch »gelöst«.
- Es besteht keine Einsicht in die unterschiedlichen Stellenwerte.
- Es kommt häufig zu Zahlendrehern, z.B. 42 statt 24.
- Zahlenzerlegungen sind nicht als mathematische Bausteine abrufbar.
- Viele Ergebnisse sind auswendig gespeichert.
- Das Auffüllen zur nächsten Stellenwertgrenze misslingt häufig.
- Es besteht keine Einsicht in Zahlenzusammenhänge wie z.B. Nachbaraufgaben, Tauschaufgaben und Umkehraufgaben.

- Es fehlt das Verständnis für Rechenoperationen: Was geschieht eigentlich, wenn ich plus oder minus, mal oder geteilt rechne?
- Der Umgang mit Größen, vor allem das Umwandeln in größere oder kleinere Einheiten, ist äußerst schwierig.

Dass Rechnen angesichts derartiger Beeinträchtigungen nicht möglich ist, leuchtet ein. Doch wie kommt es dazu? Da gibt es verschiedene Theorien und auch Spekulationen. Ich möchte hier nur zwei Forschungsergebnisse anführen, die ich für praxisrelevant halte. Denn für uns Lehrer lautet die wichtigste Frage immer: Was kann ich daraus für meine Praxis ableiten? Und in einem nächsten Schritt folgt daraus die Frage: Wie kann ich das als wichtig Erkannte auch im Klassenverband einsetzen?

Das erste dieser Forschungsergebnisse wird Ihnen vielleicht nicht auf Anhieb als für Ihre eigene Arbeit bedeutsam vorkommen, aber das wird sich bei der weiteren Lektüre aufklären.

Die Wissenschaftlerin Karin Kucian hat an der Universität Zürich durch funktionelle Magnetresonanztomographie(fMRI) nachgewiesen, welche Bereiche der Großhirnrinde besonders aktiv sind, wenn gerechnet wird. Diese Untersuchung ist aufwendig, teuer und auch nur an besonders ausgestatteten Forschungsstätten möglich. Sie kann also nicht generell zur Diagnose bei Dyskalkulieverdacht verwendet werden, sondern zeigt nur exemplarisch an Versuchspersonen auf, wo der Vorgang »Rechnen« im Gehirn grundsätzlich verortet ist. Mit dieser Untersuchung ist keine Strahlenbelastung verbunden. Die Probanden werden, ähnlich wie bei einer Kernspintomographie, in eine Röhre geschoben, in das Magnetfeld. Auf einem Bildschirm werden aktive Gehirnbereiche sichtbar. Wenn nun die Versuchspersonen Rechenaufgaben gestellt bekommen, so leuchten primär Areale auf, die in den Scheitellappen des Großhirns – im intraparietalen Sulcus (IPS) – liegen.

> *»Rechenschwache Kinder zeigen dabei eine schwächere Aktivität des IPS als Kinder ohne Lernstörung; allerdings nicht bei jeder Sorte von arithmetischen Testaufgaben: Nur dann, wenn ein abstraktes Zahlen- oder Mengenverständnis gefragt ist. Sollen Dyskalkuliker etwa Größen, Mengen und Distanzen abschätzen oder vergleichen, feuern ihre IPS-Neuronen nur schwach. Der IPS gilt als Sitz des mentalen Zahlenstrahls, dem visuellen Verarbeitungsort von Zahlen, mit dessen Hilfe wir überschlagsmäßig rechnen. Entsprechend bereitet Kindern mit einer Dyskalkulie das exakte Rechnen meist kein Kopfzerbrechen. Sollen sie aber anhand einer Zeichnung abschätzen, ob acht Zitronen eine größere Anzahl Früchte darstellen als fünf Erdbeeren, fällt ihnen das schwer. Auch zu beurteilen, ob das Resultat von zwei plus vier näher bei acht oder bei zehn liegt, macht rechenschwachen Kindern Mühe. ›Das deutet darauf hin, dass Dyskalkulie-Kinder keine gute innere Zahlenraumvorstellung haben, sagt Karin Kucian.‹«*
>
> *UZH News 2012*

Es ist bekannt, dass dort, im Scheitellappen, auch die »Wo-Einschätzung« von visuell wahrgenommenen Sinnesreizen vorgenommen wird (Eliot 2001, S. 286f.). Anders ausgedrückt: Dort, wo in unserem Gehirn die räumliche Einschätzung und die Wahrnehmung von Bewegungen zuhause sind, ist der Zugang zur Zahlenwelt beheimatet. Natürlich sind auch andere Gehirnareale aktiv, wenn gerechnet wird. Im Frontallappen findet beispielsweise das planende Denken statt, das beim Entwerfen von Lösungsstrategien eine Rolle spielt und mit jedem Mathejahr wichtiger wird, geht es doch zunehmend um die gefürchteten Sachaufgaben, die zu allem Übel für rechenschwache Kinder auch immer komplexer werden. Aber die Eintrittskarte in die Welt der Zahlen und Größen wird im Scheitellappen gelöst und dort sitzt das entscheidende Hindernis, wenn Kinder scheitern.

Die Äußerung Kucians, exaktes Rechnen bereite Dyskalkulikern »meist kein Kopfzerbrechen« muss differenziert betrachtet werden: Das mechanische Arbeiten nach auswendig gelernten Algorithmen bringen viele Kinder zustande, ohne zu wissen, was sie da eigentlich tun. Doch das ist es ja nicht, was wir im Rechenunterricht anstreben.

Nun werden Sie sich vielleicht fragen, was denn wir Lehrer mit der Information von der »Zahlenheimat im Scheitellappen« anfangen sollen? Das wird evident, wenn wir dieses erste Forschungsergebnis mit einem zweiten verknüpfen:

Unser Gehirn ist ein Weltmeister im Dazulernen und Sich-verändern, denn es verfügt über ein hohes Maß an Plastizität. Das heißt: Selbst wenn zunächst einmal die Neuronen im Scheitellappen noch nicht so aktiv sind, wie wir das gerne hätten, können wir sie doch in Schwung bringen, denn:

> *»Die neuroplastische Forschung hat ergeben, dass jede dauerhafte Tätigkeit – sei es Sport, Wahrnehmung, Lernen, Denken oder Vorstellung – nicht nur den Geist verändert, sondern auch das Gehirn.«*
>
> *Doidge 2014, S. 281*

Das könnte jetzt zu einer oberflächlichen Forderung verleiten: »Da muss man eben nur genug üben.« Aber halt! Das ist nur ein Teil des Ganzen! Nicht quantitativ viel zu üben lautet die Devise, sondern qualitativ das Richtige. Das erste Forschungsergebnis hat uns gezeigt, wo im Gehirn der Hase im Pfeffer und der Zugang zu Zahlen und Größen versteckt liegt: im Scheitellappen. Hier müssen wir ansetzen und das ist leichter als man auf Anhieb vermutet.

Doch keine Angst: Sie werden jetzt weder mit Arbeitsblättern überschwemmt noch bekommen Sie zahlreiche verschiedene Übungen angepriesen, denn das ist es ja, was uns Lehrer manchmal geradezu verzweifeln lässt: eine Flut von Tipps, Anregungen und Möglichkeiten wird uns vorgesetzt und wir sollen dann auch diese noch irgendwie in unserem Alltag unterbringen. Ich vertrete in keiner Weise die Forderung des Zusätzlichen, aber ich empfehle sehr eindringlich ein »anstatt«, also anstatt vieler ineffektiver Übungen einige wesentliche Prinzipien zu verfolgen, diese aber konsequent und täglich. Wenn wir nun – eingedenk der Erkenntnis, dass dauerhafte Tätigkeit das

Gehirn verändern kann – uns als ein Prinzip vornehmen, die Aktivierung und damit auch das Training der wichtigen Gehirnregion »Scheitellappen« in den Fokus zu rücken, so können wir einerseits entspannter, andererseits aber auch zielführender und ertragreicher arbeiten. Mehr über die wesentlichen Prinzipien und wie wir sie zum Ausgangspunkt unserer Planungen machen können, erfahren Sie gleich im nächsten Abschnitt.

Interessant ist in diesem Zusammenhang noch die Arbeit von Wissenschaftlern der Universität Oxford: In einer Studie zur Behandlung neurologischer Defizite wurde der Scheitellappen von Probanden mit transkranieller Gleichstromstimulation aktiviert. Dadurch verbesserten sich die mathematischen Fähigkeiten der Studienteilnehmer signifikant. Die Verbesserungen hielten sechs Monate an (FOCUS online 2010). »Stromtherapie hilft Mathematikversagern«, titelte hierzu Focus online. Das klingt etwas sehr vielversprechend und kommt für unsere Kinder nicht in Frage, aber auch mit unseren einfachen Mitteln können wir viel bewirken.

Neben diesen beiden Forschungsergebnissen – Zahlenverständnis im Scheitellappen und Neuroplastizität – gibt es noch manches Interessante, das uns Mut macht, wenn wir uns entschlossen haben, den Geist »Dyskalkulie« wieder zurück in die Flasche zu bringen und ihn dann mit einem »ausbruchsicheren« Korken zu versehen:

Bereits Babys haben – wie übrigens auch einige Tiere – einen angeborenen Zahlensinn, können in bestimmtem Umfang Mengen vergleichen und bemerken, wenn aus der Menge »Zwei« plötzlich »Eins« wird (Dehaene 1999, S. 54–70). Darauf komme ich später noch einmal zu sprechen. Wir können also davon ausgehen, dass auch unsere Schüler gewisse angeborene Grundlagen für das Rechnen haben und nicht einfach nur hoffnungslose Fälle sind.

Und dann gibt es noch den Forschungszweig der Epigenetik, der sich damit beschäftigt, auf welche Weise und in welchem Ausmaß unsere Lebensweise und unsere Erfahrungen unsere genetische Ausstattung verändern können. Die aufregende und mutmachende Botschaft lautet: Wir sind nicht einfach nur unserem genetischen Erbe ausgeliefert, sondern wir haben Möglichkeiten, es zu verändern.

So haben wir doch eigentlich allen Grund, das Thema »Rechenunterricht mit minimalem Dyskalkulierisiko« optimistisch und tatkräftig anzugehen. Um Ihnen, liebe Kolleginnen, Mut zu machen, sich auf diesen Weg zu begeben und Ihnen vor Augen zu führen, wie segensreich Sie in Ihrer Klasse wirken können, beziehungsweise was Ihren Schülern erspart bleiben kann, möchte ich vor dem konkreten Einstieg in die Materie allerdings noch schildern, wie es »im Normalfall« zugeht, wenn bei einem Kind der Verdacht auf Dyskalkulie auftaucht.

Nehmen wir einmal an, wir haben Laura, eine Drittklässlerin. Sie ist aufgeweckt, eine gute Sportlerin, in der Klasse beliebt, schreibt gerne Geschichten und ist in ihrem Verhalten zugewandt, positiv und sozial eingestellt. Es gibt also, wenn man dieses Kind betrachtet, keinen Grund, anzunehmen, dass an ihr oder gar ihrem Gehirn etwas nicht in Ordnung sei. Dennoch wird die Schule für Laura in letzter Zeit immer mehr zu einem Ort, an dem sie sich unwohl fühlt. Während ihre Leistungen in der ersten und zweiten Klasse als gut bewertet wurden, merkt sie nun, in der dritten Klasse, dass sie im Rechenunterricht den Boden unter den Füßen verliert. Sie kommt mit dem Rechnen im Tausenderraum nicht zurecht, kann sich Einmaleinsaufgaben nicht merken und hat geradezu einen Horror vor Rechengeschichten. Die Lehrerin weiß sich nicht zu helfen und äußert den Verdacht, bei Laura könne eine Dyskalkulie vorliegen. Die Schulpsychologin soll das Kind testen. Es dauert einige Wochen, bis dafür ein Termin frei ist. Nach dem Test hat sich der Verdacht erhärtet: Laura hat eine Rechenschwäche.

Die Eltern sind in der Lage, eine private Lerntherapie zu bezahlen, Laura gerät an eine sachkundige Therapeutin, die um die Bedeutung der wesentlichen Grundprinzipien für das Rechenverständnis weiß, sodass nicht zahllose Blätter bearbeitet, sondern wirklich die Grundlagen für das Rechnen neu und diesmal gründlich gelegt werden – etwas, das ohne Weiteres in den ersten beiden Schuljahren möglich gewesen wäre. Denn Laura versteht nun plötzlich, was es mit Zahlen, mit Beziehungen von Zahlen, mit Rechenoperationen und Stellenwerten auf sich hat. Sie macht rasche Fortschritte und kann im Lauf eines knappen Jahres alles aufholen, was ihr fehlt.

Falls Ihnen dieses Happy End zu schön erscheint, um wahr zu sein, so lassen Sie mich Ihnen versichern: Lauras Fall an sich ist nichts Besonderes. Das Besondere ist, dass sie schnell in die richtigen Hände kam. Und das Glückhafte daran ist, dass ihre Eltern eine private Therapie bezahlen konnten.

In allen ersten Klassen sitzen Kinder wie Laura, die »nur« auf den richtigen Denkweg gebracht werden müssen. Und das ist ja unser Thema.

Doch wie wäre das Ganze ausgegangen, wenn eine private Therapie nicht erschwinglich gewesen wäre? Hier wird die Sache meines Erachtens sehr fragwürdig.

Dyskalkulie ist im ICD-10, F 81.2 (International Classification of Deseases) gelistet, das heißt, dass sie so etwas wie eine »anerkannte Krankheit« ist. Wenn diese »Krankheit« nun festgestellt wurde, kann die Therapie vom Jugendamt sogar bezuschusst werden, allerdings nur, wenn auch die nach SGB VIII, § 35a (Sozialgesetzbuch) erforderliche Voraussetzung hierfür, nämlich die drohende seelische Behinderung, bescheinigt wird und Bescheinigung sowie Diagnose durch einen Facharzt für Kinder- und Jugendpsychiatrie erfolgen.

Dieser Facharzt führt einen der marktüblichen Dyskalkulietests (z. B. DEMAT, ERT, RZD usw.) durch und bewertet ihn dann. Der erreichte Prozentrang richtet sich nach der Anzahl richtig gelöster Aufgaben. Der Glaube an die Objektivität eines Testergebnisses lässt es vielleicht als unbedeutend erscheinen, ob dieser Test von pädagogischen Fachleuten oder von Laien durchgeführt wird. Doch es gibt Fehlerquellen für eine zutreffende Einschätzung, über deren Vorhandensein nur jemand mit dem nötigen didaktischen Fachwissen urteilen kann. Testergebnisse zur Feststellung mathematischer Basisqualitäten haben nur dann Aussagekraft, wenn nicht nur Lösungen, sondern auch Lösungswege genau begutachtet werden. Wie aber soll ein Psychiater, der wohl schwerlich genügend von Mathematikdidaktik versteht, um sich hier eine fundierte Meinung bilden zu können, wirklich »hieb- und stichfest« beurteilen, ob ein Kind, das in einem Test einen niedrigen Prozentrang erzielt, keinen Zugang zur Zahlenwelt finden kann oder – aus welchen Gründen auch immer – nur bisher keinen Zugang gefunden hat. Würden wir Lehrer in medizinischen Revieren wildern und uns dazu versteigen, irgendwelche Diagnosen zur Einschätzung eines Gesundheitszustandes abzugeben, so würde man uns mit Fug und Recht entgegenhalten, dass wir davon doch wohl besser die Finger lassen sollten. Wie konnte es soweit kommen, dass die zwei großen Lernschwächen Legasthenie und Dyskalkulie von nicht-pädagogischen Disziplinen vereinnahmt wurden, dass wir Lehrer als didaktische Randfiguren zwar für kompetent genug erachtet werden, um das »normale« Alltagsgeschäft zu betreiben, dass wir aber immer dann, wenn es schwieriger wird, gefälligst in die zweite Reihe treten und sogenannte Fachleute rufen sollen? Doch wohl nur dadurch, dass wir Lehrer uns willfährig die Butter von unserem didaktischen Brot nehmen ließen. Deshalb wird es höchste Zeit, dass wir uns darauf besinnen, was unsere Stärke ist und was kein externer Spezialist bieten kann: Wir kennen unsere Schüler besser als jemand sonst im außerfamiliären Umfeld, sind wir als Klassenlehrer doch täglich einen ganzen Vormittag mit ihnen zusammen. In Bayern ergibt das – wenn wir die verpflichtenden Fachunterrichtsstunden Handarbeit/Werken und Religion abziehen – in den ersten beiden Schuljahren ca. 1400 echte Stunden. Allein dadurch haben wir Möglichkeiten, Lernprozesse zu beobachten, zu begleiten und zu fördern, die weit über alles hinausgehen, was im außerschulischen Rahmen organisiert werden kann. Wenn auch noch eine intensive Elternarbeit erfolgt – und dazu kann aus vielen Gründen nur dringend geraten werden –, dann sind die besten Voraussetzungen für erfolgreiche Interventionen geschaffen.

Natürlich ist es nicht allein damit getan, einfach nur viel Zeit mit den Schülern zu verbringen. Zum quantitativen Vorteil muss selbstverständlich auch noch die entsprechende Qualität unseres pädagogischen Wirkens kommen.

Aber es kann mir schwerlich jemand erklären, wie ein Arzt, der ein Kind nur im Rahmen seiner Sprechstunde für einen begrenzten Zeitraum sieht und von Didaktik keine Ahnung hat, die Lernmöglichkeiten eines Kindes kompetent beurteilen und einschätzen will.

Es wird Zeit, dass wir Lehrer uns auf das besinnen, was wir einfach besser können als Ärzte und sonstige fachfremde Spezialisten: Wir können Lernprozesse gestalten. Machen wir uns auf, die wirklich wesentlichen Grundlagen für unseren Rechenunterricht zu finden und konsequent tagtäglich zu verfolgen. Dann werden wir Erfolg haben, das kann gar nicht ausbleiben.

Beipackzettel – bitte vor der Einnahme gründlich lesen

Alles, was ich im Folgenden ausführe, sollte betrachtet werden vor dem Hintergrund einiger Überlegungen, die so etwas wie eine geistige Matrix bilden, einen übergeordneten Bezugspunkt für eine Neuorientierung und Umgestaltung unseres konkreten pädagogischen Handelns im Mathematikunterricht.

Echte und falsche Dyskalkuliker – spielt das eine Rolle?

Wann ist ein Kind ein waschechter Dyskalkuliker? Auch wenn es Tests und Einschätzungskriterien gibt, so meine ich doch, dass hier recht vage geurteilt wird. Das aufwendige und teure Verfahren eines Blicks in das rechnende Gehirn (mit fMRI, s. S. 12), wird zwar im Rahmen wissenschaftlicher Forschung angewandt, kann aber selbstverständlich nicht bei individuellen Diagnosen eingesetzt werden. So bleiben in der Praxis nur die verschiedenen Leistungstests. Dass ich das Einteilen von Kindern in diese oder jene Schublade nach dem bloßen Prozentrang, der bei einem solchen Test, oft auch noch durchgeführt von pädagogischen Laien, erzielt wird, für wenig sinnvoll halte, wurde bereits erwähnt. Auch wenn als zusätzliches Kriterium für »echte« Dyskalkulie nach ICD-10 noch durch einen Intelligenztest nachgewiesen werden muss, dass die mathematische Leistung deutlich unter jener liegt, die zum IQ des Kindes »passen« würde und überdies auch noch ausgeschlossen werden muss, dass die abweichenden Rechenleistungen durch »schlechten Unterricht« verursacht wurden, so wird dadurch vielleicht das ganze Verfahren komplizierter. Aber wirklich hilfreich ist es deshalb noch lange nicht. Denn Kinder müssen Glück haben, um – wie im Fall von Laura geschildert – wieder aus dem mathematischen Sumpf herauszufinden. Genauso, wie im regulären Rechenunterricht viele Kinder einfach auf der Strecke bleiben, wird auch in vielen Lerntherapien an den grundlegenden Themen vorbei immer und immer wieder dort geübt, wo es zu wenig bringt.

Wenn wir einen Rechenunterricht mit minimalem Dyskalkulierisiko gestalten wollen, dann sollten wir uns durch Gedanken darüber, ob ein Kind schon oder nicht Dyskalkuliker sein könnte, gar nicht irritieren lassen. Es ist irrelevant, wie die Sache genannt wird. Wichtig ist, dass wir unseren Blick schärfen und sofort erkennen, wenn eines unserer Schäflein vom rechten und manchmal mühsamen Weg des Denkens und Begründens abweicht in die dunklen Wälder des orientierungslosen Ratens und Zählens, wo – um in der Sprache der Märchen zu bleiben – der böse Wolf mit Namen Rechenschwäche lauert.

Dem Scheitellappen Beine machen

Es ist sehr nützlich zu wissen, welche Gehirnbereiche beim Rechnen besonders aktiv sein müssen. Denn wir können diese Bereiche genauso trainieren wie unsere Muskulatur. Es leuchtet bestimmt jedem ein, dass ich, wenn ich straffere Bauchmuskeln möchte, auch dort mit dem Üben ansetzen muss. Von einem Krafttraining für den Bizeps bekomme ich keinen flachen Bauch, auch wenn ich noch so fleißig übe.

Genau in einer derart aussichtslosen Situation sind aber viele Kinder, die im Rechnen »mehr üben« sollen: Sie strampeln sich an ihrem Bizeps ab und der Bauch wird und wird nicht straffer. Im Klartext: Sie bearbeiten ein Arbeitsblatt ums andere und haben immer noch nicht verstanden, was eigentlich der Sinn des Ganzen ist. Irgendwann kommt dann zum Primärsymptom »Rechenschwäche« ein Sekundärsymptom, wie z. B. Schulangst, Depression, Selbstwertverlust usw.

Dabei wäre alles so einfach, wenn man wüsste, worauf es ankommt. Wir wissen bereits: Für gutes Rechnen ist die Mitarbeit jenes Gehirnbereiches unverzichtbar, der u. a. auch für räumliche Einschätzung, für das Wahrnehmen von Bewegungen, für haptische Wahrnehmung, für die Verbindung von Auge und Hand zuständig ist. Und dieser Gehirnbereich springt im Idealfall auch dann an, wenn beim Rechnen nur visuelle Reize, also z. B. die Aufgaben auf einem Arbeitsblatt, geboten werden. Wenn wir der Frage nachgehen wollen, warum bei den guten Rechnern dieser räumliche Bereich »von selbst« aktiv wird und bei den schwachen Rechnern nicht oder kaum, dann müssen wir uns kurz vor Augen halten, wie die sinnliche Wahrnehmung sich entwickelt. Es ist ja nicht selbstverständlich, dass wir allein durch das Hinschauen bereits einen vollständigen 3D-Überblick über unsere Umgebung erhalten. Räumliche Einschätzung muss das Gehirn genauso lernen, wie es lernt, dass Bilder, die eigentlich auf dem Kopf stehend auf unsere Netzhaut projiziert werden, der Wirklichkeit erst dann entsprechen, wenn sie wieder umgedreht werden, denn der Sehnerv liefert zunächst ein Bild an den visuellen Cortex, das »falsch« ist. Was wir dann als realistisches Bild wahrnehmen, ist eine Mischung aus optischer Projektion und bereits gemachter Erfahrung: Wir wissen ja, dass Tische, Blumenvasen und Haustiere nicht auf dem Kopf stehen und korrigieren unseren visuellen Eindruck im Gehirn dementsprechend. Mit dem räumlichen Empfinden ist es ähnlich: Kleine Kinder machen echte räumliche Erfahrungen dadurch, dass sie sich bewegen, dass sie Objekte anfassen, abtasten, sich auch einmal daran stoßen, dass sie Dinge ergreifen, wegwerfen und wieder ergreifen usw. Irgendwann einmal haben sie genügend Erfahrungen gesammelt, um räumliche Beziehungen auch dann erfassen zu können, wenn sie nur hinschauen, um auch Objekte, die sich bewegen, gezielt ergreifen zu können und um sich so geschickt zu bewegen, dass sie Hindernissen rechtzeitig ausweichen. Bevor es soweit ist, muss aber die Basis gelegt werden, und das geschieht durch eine Integration der drei Grundsinne – taktil, vestibulär, propriozeptiv – in das Wahrnehmungsschema des Körpers (Ayres 1984, S. 84 f.). Kinder, deren sinnliche Basis noch nicht entsprechend entwickelt ist, können räumliche Beziehungen nicht über das bloße Verarbeiten visueller Reize einordnen.

Was bedeutet das für unseren Rechenunterricht? Jede, wirklich jede mathematische Aktivität muss zunächst einmal so organisiert werden, dass das Wo-Areal des Scheitellappens aktiviert wird und das bedeutet, dass es im Anfangsunterricht keine Rechenstunde ohne Bewegung, Anfassen, Abtasten, Hin- und Herräumen usw. geben darf. Wir sind also wieder beim Altbewährten, das vorschnell geringgeachtet und in die Ecke gestellt wurde: beim mathematischen Handeln. Wie aber dieses Handeln aus der Schmollecke herausgeholt und sowohl in der ersten als auch in den weiteren Grundschulklassen kreativ, abwechslungsreich und für alle – »gute« und »schlechte« Rechner gleichermaßen – attraktiv gestaltet werden kann, das wird in einem eigenen Kapitel ausführlich dargestellt. Nur: So billig, wie dieses Handeln in den meisten Rechenbüchern daherkommt – mit einem Bild zu Beginn jeder neuen Einheit, auf dem man Kindern beim Tun zuschauen kann – ist es in einem effektiven und engagierten Rechenunterricht nicht zu haben.

Und es geht auch nicht nur um Handeln im engeren Sinn – also mit der Hand etwas von hier nach da legen –, sondern um ein umfassenderes Prinzip der körperlichen Einbeziehung in das denkende Durchdringen. Wenn man erst einmal verinnerlicht hat, wie grundlegend wichtig das Aktivieren des »Mathe-Areals« im Scheitellappen ist und wie einfach es in den »normalen« Unterricht integriert werden kann, dann wird man gar nicht mehr verstehen, wie man sich irgendwann einmal mit dem bloßen Abarbeiten von Blättern und Arbeitsheften zufrieden geben konnte.

Man wird dann auch erkennen, warum manche Übungen, die man den armen Kindern verordnet, gar nicht hilfreich sein können. So habe ich z. B. in einem Arbeitsheft zur Therapie von Dyskalkulie ein Blatt zum Aufbau des Zahlenbegriffs – hier der Zahl 4 – gefunden, das so strukturiert war:

Die Viereckszahl 4

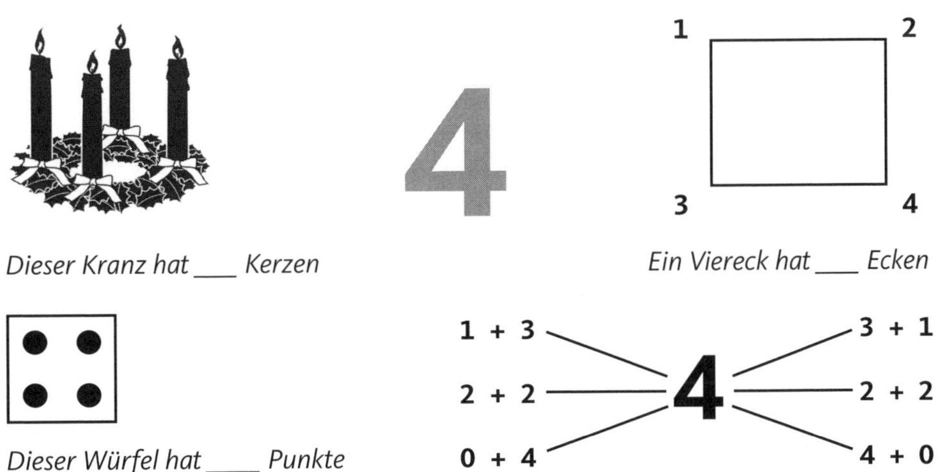

Lege mit deinen Rechenwürfeln und ergänze:

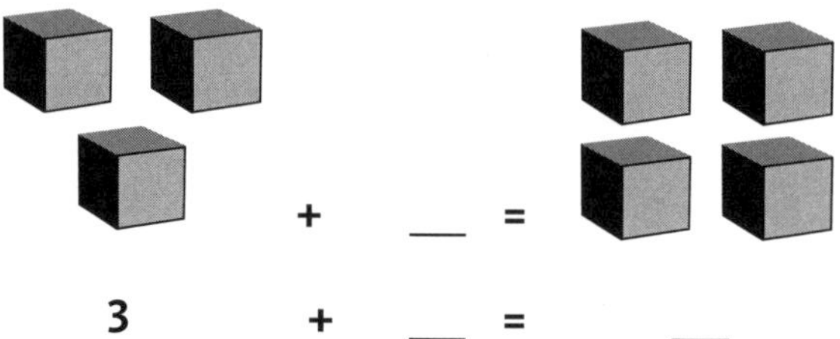

Ich möchte an dieser Stelle gar nicht weiter auf die einzelnen didaktischen Denkfehler eingehen, die in diesem Blatt dokumentiert sind. Einiges wird Ihnen nach dem bereits Gesagten gleich ins Auge gesprungen sein und einiges wird im Lauf der weiteren Lektüre noch deutlich werden. Nur eines sei schon einmal festgehalten: Dass ein Kind durch derartige Übungen keine Hilfe erfährt, sondern wahrscheinlich noch mehr verwirrt wird, muss niemanden wundern.

Die Struktur ist entscheidend: Rechnen ist das Fach der Ordnung

Es gibt eine Menge Material zum Thema Dyskalkulie: Fachbücher, Arbeitshefte und Spiele. Der einzelne Lehrer, der in einer Klasse mit 25 Kindern steht und tagtäglich eine Vielzahl von Herausforderungen bewältigen muss, braucht aber nicht noch weitere Rechenspiele, Arbeitsblätter und schlaue Bücher, sondern er braucht ein überschaubares Bündel von Handlungsmöglichkeiten, die sich auch wirklich umsetzen lassen.

Das soll nicht heißen, dass es sinnlos wäre, sich mit der Theorie zu beschäftigen. Die Gefahr ist aus meiner Sicht jedoch, dass man von der Fülle des Materials einerseits erschlagen und andererseits eingeschüchtert wird. Deshalb plädiere ich dafür, sich erst einmal gedankliche Klarheit zu verschaffen über die grundlegenden Prinzipien und Strukturen, die nötig sind, um Rechnen für alle Kinder be-greifbar zu machen.

Erste Schritte zum Ordnungschaffen: Mathematische Bonbons sortieren

Arbeitsblätter wie das zur Zahl 4 werfen alles Mögliche ungeordnet auf einen Haufen und bieten einem Kind, das sich ohnehin schon schwertut, all das Verwirrende in eine überschaubare Ordnung zu bringen, keine Lernchance. Wenn allerdings die Lehrkraft selbst keine mathematische Landkarte im Kopf hat, auf der Haupt- und Nebenstraßen, gefährliche Kreuzungen, abschüssige Wegstrecken, steile Kurven und große Ziele deutlich markiert sind, dann ist die Gefahr groß, dass untaugliches Material gutgläubig eingesetzt wird.

Dass es bereits in den ersten Wochen und Monaten der ersten Klasse sehr verwirrend, geradezu chaotisch, zugehen kann, was das mathematische Stoffangebot betrifft, ist nicht übertrieben. In einem gängigen Rechenbuch findet sich im ersten Drittel (auf 45 von insgesamt 136 Seiten) – das entspricht ungefähr dem Zeitraum bis Weihnachten – dieses bunte Durcheinander an Inhalten:

Zahlen vergleichen	Größer-kleiner-Zeichen	Pluszeichen
Tauschaufgaben mit Trick	Minuszeichen	gerade und ungerade Zahlen
Rechenausdruck und Zahlen vergleichen, z. B. 7 + 2 > 5	Differenzen finden	Zahlen zerlegen
Fünfertrick mit Plus	Fünfertrick mit Minus	Gleichungswaage
Additionen	Subtraktionen	Gleichheitszeichen
Flächenformen	Rechengeschichten	Automatisierung der Aufgaben bis 10
Nachbarzahlen	Wochentage	Ordnungszahlen

Seppi ist total verwirrt:
»O je! So ein Durcheinander!
Ob ich mich da jemals auskennen werde?«

Ich bin mir sicher, dass bei dieser Themenvielfalt nicht nur unser Seppi, sondern auch seine Lehrerin die Orientierung verliert und dann wahrscheinlich gestresst ist, weil die Stofffülle kaum bewältigt werden kann und das Ergebnis trotz aller Arbeit nicht überzeugend ausfällt. Leider sieht es in den meisten Rechenbüchern so oder ähnlich aus. Es fehlen klare Handlungsstränge und Orientierungshilfen. Auch wenn das Ganze jetzt im Kompetenzgewand daherkommt: Vorrangig werden einzelne Inhalte angeboten, nicht mathematische Strukturen. Diese schimmern bestenfalls hie und da ein wenig durch, was dazu führt, dass gute Rechner sich diese Strukturen selbst erschließen und schwache Rechner hilflos und ohne jede Orientierung zurückbleiben.

Und selbst die einzelnen Inhalte werden eben meist nicht schlüssig und zusammenhängend dargeboten, sondern es findet sich nicht selten ein Sammelsurium unterschiedlicher Themen und Aufgabenstellungen bereits auf einer einzigen Seite eines Arbeitsheftes oder Rechenbuches.

Ich habe gerade ein gängiges Lehrwerk für die erste Klasse vor mir liegen und sehe auf einer einzigen (!) Seite versammelt:

- Aufgaben zum Verdoppeln,
- Aufgaben zur Zehnerüberschreitung mit plus und minus,
- Fortsetzen von Zahlenreihen,
- Gleichungen mit fehlendem Operator,
- Rechenblumen, bei denen jene mit gleichen Ergebnissen in gleicher Farbe angemalt werden sollen.

Bei den genannten Beispielen handelt es sich nicht um »Ausreißer nach unten« – nein, das ist gängige Rechenbuchpraxis. Das einzige mir bekannte Rechenbuch, das hier eine wohltuend positive Ausnahme bildet, ist das Zahlenbuch von Wittmann/Müller (2004). Doch auch beim Einsatz dieses Lehrwerkes ist es keineswegs überflüssig, sich selbst Gedanken darüber zu machen, welche mathematischen Pfade man zuerst anlegen möchte, um den Kindern von Anfang an möglichst viel Orientierung zu bieten.

Zur gedanklichen Annäherung an das Thema »Struktur schaffen« finde ich das Bild eines Korbes voller bunter Bonbons sehr brauchbar. Wenn jedes dieser Bonbons für eine Übung, ein Stundenthema, ein Arbeitsblatt steht und alles in einem ungeordneten Haufen liegt, dann haben wir eine Situation, die gewisse Ähnlichkeiten mit einem Unterricht aufweist, der aus einzelnen »abgeschlossenen« Stunden und aus vielen nicht miteinander verknüpften Inhalten besteht, ohne dass für unsere Schüler große Zusammenhänge sichtbar und nachvollziehbar werden.

Da wäre es schon einmal sehr hilfreich, alle Bonbons zu suchen, die zusammenpassen und jeweils in einer eigenen Schachtel das unterzubringen, was zu einer bestimmten Kategorie gehört. Es leuchtet sicher ein, dass uns das hilft, in unserem didaktischen Gehirn Ordnung zu schaffen.

Durch diese Strukturierung wird aus einer unüberschaubaren Menge von hunderten von Bonbons ein übersichtliches Regal mit Bonbonschachteln, von denen jede ein Etikett trägt, wie z.B. Ordinalzahlen, Kardinalzahlen usw., Ziffernschreibkurs, Zahlenchunks, Handeln mit Zahlen, dekadisches System, usw.

Auf die Inhalte der einzelnen Schachteln und ihre Bedeutung für die Minimierung des Dyskalkulierisikos gehe ich im nächsten Abschnitt ein.

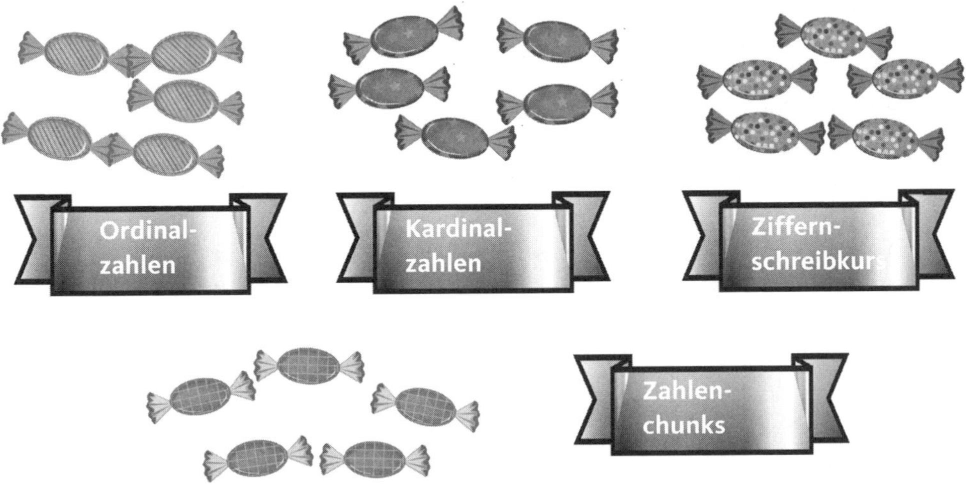

Mathematische Bonbons ordentlich sortiert und nicht wild durcheinander: Eine solide Orientierungshilfe für unseren Rechenunterricht

Wie unter Einsatz dieser gut geordneten »Bonbonschachteln« ein Rechenlehrgang in den ersten beiden Schuljahren aussehen kann, habe ich detailliert beschrieben in meinem Buch »So lernen alle Kinder rechnen« und in den beiden dazugehörenden Arbeitsheften (Buchner 2012a, 2012b, 2013).

Hier geht es mir um den Denkschritt, der *vor* dem konkreten Rechenlehrgang kommt: um das Deutlichmachen der Notwendigkeit für ein »alternatives« Herangehen an die elementare Mathematik, um das Aufzeigen der zugrunde liegenden Strukturen, kurz: um Unter- und Überbau einer Neuorientierung für einen Rechenunterricht in der Grundschule, der das Dyskalkulierisiko minimiert. Bevor wir uns mit Inhalt und Bedeutung der verschiedenen geordneten »Bonbonschachteln« beschäftigen, möchte ich noch einige grundsätzliche Gedanken darüber äußern, was wir den Schülern unbewusst zumuten, wenn wir im Rechenunterricht davon ausgehen, jeder wüsste, wovon wir reden.

Geheimsprache Mathematik oder: Jedes Rennen beginnt am Start

Kinder, die in die Schule kommen, können im Regelfall zählen: so gut wie alle bis 10, viele bis 20, manche bis 100. Im Unterricht wird dann auch gleich munter mit den Zahlen operiert, als handle es sich um bestens bekannte Größen. Es ist ja so einfach, denken Sie sich vielleicht. Und hier tauchen bereits die ersten Schwierigkeiten auf, die aber noch so gut getarnt sind, dass es fast nicht möglich ist, über sie zu stolpern, wenn man nicht die didaktische Lupe einsetzt. Denn statt systematisch am Start zu beginnen mit dem gründlichen Aufbau eines Zahlenbegriffs wird gleich hineingesprungen medias in res – mitten in die Sache. Doch wir müssen uns vor Augen halten, dass unsere Kinder in ihrer individuellen Lerngeschichte sozusagen »in Windeseile« die Kulturtechniken erwerben, für deren Entwicklung die Menschheit tausende von Jahren benötigte. Und die Tatsache, dass eine Zahlenreihe fehlerlos aufgesagt werden kann, darf uns nicht zu dem voreiligen Schluss verleiten, hier sei echtes Verständnis bereits a priori vorhanden. Das Konzept von Zahlen ist höchst abstrakt und wird nicht einfach durch Vorsagen und Nachplappern bereits verinnerlicht.

Dann gibt es auch noch eine Reihe von mathematischen Begriffen und Sprachwendungen, die ohne großes Aufheben – fast möchte ich sagen: pädagogisch völlig unreflektiert – verwendet werden, wohl in der Annahme, sie seien den Kindern ebenso einfach zugänglich wie andere Wörter: Ball, Blume, Katze, Haus.

In Erstklassrechenbüchern tauchen bereits nach wenigen Seiten die mathematischen Geheimzeichen größer, kleiner, ist-gleich und plus auf, es gibt Rechenhäuser mit dreigliedrigen Additionen, dazwischen auch gleich Minusaufgaben und Mengenzuordnungen und dann erst irgendwann einmal die ordinale Zahlenreihe.

Neben diesen Begriffen sollen Kinder auch noch so ganz ohne Weiteres zurechtkommen mit Wendungen wie mehr als, weniger als, halbieren, verdoppeln, dazuzählen, abziehen, Ergebnis, Platzhalter, erste Zahl, vorher, nachher, zerlegen, umkehren, vertauschen etc. pp.

Das kann nicht gutgehen! Und genauso sieht es ja im herkömmlichen Rechenunterricht auch oft aus: Da gibt es einerseits lustlose Kinder, die eigentlich gerne gründlich nachdenken und forschen würden, die aber in kleinsten Zahlenräumen herumkreisen und immer wieder dieselben Aufgaben einmal als Rechenschnecke, dann als Haus, dann als Blume bearbeiten sollen und dann gibt es die ratlosen Kinder, denen das alles undurchschaubar bleibt. Beides ist höchst unbefriedigend.

Aus Bonbonschachteln werden Bausteine für ein solides Fundament und ein mathematisches Navi

Die Themenbereiche, deren geordnete Zusammenfassung ich mit dem Bild der nach verschiedenen Geschmacksrichtungen sortierten Bonbonschachteln verdeutlichen wollte, sind grundlegend wichtig. Wir können sie als Bausteine für das Rechengebäude betrachten, das wir gemeinsam mit den Schülern errichten wollen. Wenn dieses Bauvorhaben glückt, dann haben unsere Schüler ein Bezugssysthem, das ihnen hilft, Aufgaben souverän zu lösen. Wir können deshalb diese »mathematischen Bonbonschachteln« auch als unverzichtbare Orientierungshilfe, gleichsam als Bauteile für ein mathematisches Navi, sehen. In der Fachsprache nennen wir die in die einzelnen Schachteln gepackten Inhalte »Grundvorstellungen«. Unsere Schüler müssen wissen, was sie tun, wenn sie zählen, Mengen benennen und vergleichen, addieren, subtrahieren, multiplizieren oder dividieren. Sie müssen von jeder mathematischen Aktion eine genaue Vorstellung haben. Nur so sind sie später in der Lage, bei Sachaufgaben die richtigen Rechenwege zu wählen und eine zielführende Lösungsstrategie zu entwerfen. Es bedeutet einen gewaltigen Unterschied, ob aus einem konkreten Sachverhalt die zugrundeliegenden mathematischen Strukturen abgelesen werden und entsprechende Aufgaben modelliert werden können oder ob nur blind nach irgendwelchen Signalwörtern mehr oder weniger auf das Geratewohl irgendetwas gerechnet wird. Darüber hinaus aber, und das ist der zweite Teil der Angelegenheit, müssen unsere Schüler auch noch in der Lage sein, die entsprechenden Operationen und Teil-Operationen geschickt und flüssig auszuführen. Das Wissen um die Bedeutung der verschiedenen Möglichkeiten gibt den Kindern die Orientierung, was in einem konkreten Fall zu tun ist. Die Fähigkeit, dieses Wissen auch wirklich in konkrete Rechenabläufe umzusetzen, erfordert das entsprechende Können, die Beherrschung grundlegender Verfahren. Deshalb kommt gerade in der Mathematik dem Üben auch größte Bedeutung zu, allerdings nur dem sinnvollen Üben, bei dem nicht einfach Allgorthmen gepaukt werden. Davon wird später die Rede sein.

Der Ausgangspunkt für alles sind aber gefestigte Grundvorstellungen, eine sichere Orientierung im mathematischen Gelände. Die zehn Grundvorstellungen, die in der ersten Klasse unbedingt in den Köpfen der Kinder entstehen müssen, werde ich einzeln abhandeln. Es sitzen allerdings in 2., 3. und 4. Grundschulklassen viele Kinder, die bereits über diese basalen Vorstellungen nicht verfügen. Dann muss erst einmal an ihrem Aufbau gearbeitet werden. Es hat wenig Sinn, mit einem desorientierten Drittklässler, der sich im Dezimalsystem überhaupt nicht zurechtfindet, nur diejenigen Aufgaben zu üben, die in der dritten Klasse »dran« sind und an denen er scheitert. Mehr von dem, was ein Schüler nicht kann, wird nicht zum Ziel führen. Hier muss erst einmal an den Grundvorstellungen gearbeitet werden, die offensichtlich in der ersten und zweiten Klasse nicht aufgebaut wurden. Dass so etwas auch nach der ersten Klasse sinnvoll und erfolgversprechend ist, habe ich selbst immer wieder erlebt. Ich berichte z.B. auf S. 45 über diesbezügliche Erfahrungen mit einer dritten Klasse. In jedem Fall gilt: Ohne Orientierung läuft im Rechnen einfach nichts Sinnvolles.

> *»Wer nicht weiß, wohin er will, für den ist kein Weg der richtige!«*
>
> *Volksweisheit*

Grundvorstellung Nummer eins, der erste Baustein: Zahlen von 1 bis 20 bis immer weiter ...

Die ordinale Bedeutung – Zahlen in der Marschordnung

Wenn wir tragfähige Strukturen aufbauen wollen, dann müssen wir sehr intensiv am Fundament der Sache »Mathematik« arbeiten. Mit dem Zählen hat ja alles angefangen. Da ritzten die Steinzeitmenschen Kerben in Mammutknochen, frühgeschichtliche Hirten vergewisserten sich der Vollständigkeit ihrer Herde, indem sie beim Austreiben auf die Weide für jede Ziege, für jedes Rind einen Stein in ein Gefäß legten. Beim Zurücktreiben in den Stall wurde dann mit einer Eins-zu-Eins-Zuordnung überprüft, ob auch wirklich alle Tiere wieder zuhause angekommen waren (Ifrah 1993, S. 27 ff.).

Weil nun die Zahlen das grundlegende Handwerkszeug sind, mit dem beim Rechnen hantiert werden muss, lohnt es sich, auf ihre Aneignung Gedanken und Mühe zu verwenden. Da ist es nicht mit einem Arbeitsblatt wie jenem bereits gezeigten zur Zahl 4 abgetan. Das Konzept »Zahl« ist vielschichtig und muss von einigen Seiten »angeflogen« werden.

Das richtige Zählen will gelernt sein, denn mit dem bloßen Aufsagen ist es nicht getan und auch das korrekte Ausfüllen von Lücken in einer Zahlenreihe kann nicht unbedingt als Beweis für Verständnis gelten. Ein gutes Gedächtnis hilft ja bekanntlich oft, um über vorhandene Lücken hinwegzutäuschen.

Wenn wir jedoch gezielt darauf hinwirken, verschiedene Wahrnehmungsebenen zu verknüpfen und damit die Zahlenreihe sinnlich erfahrbar zu machen und körperlich zu verankern, dann stehen die Chancen gut, dass es uns gelingt, wirklich alle Kinder auf diesen wichtigen ersten Abschnitt unserer mathematische Reise mitzunehmen und nicht bereits einige an der ersten Bushaltestelle zurückzulassen. Erinnern wir uns daran, wofür der Scheitellappen, unsere mathematische »Schaltstation«, zuständig ist: für die Wahrnehmung von räumlicher Anordnung und von Bewegungen. Also müssen wir ihm etwas zu tun geben. Wir gehen listig vor und verknüpfen Bewegung und Handeln mit dem visuellen und auditiven Erfassen der Zahlenreihe, denn unser Ziel ist es, hier Verbindungen zu verstärken, die noch nicht bei allen Kindern optimal ausgeprägt sind.

»Wie ist es denn dann mit Kindern, die bereits weiter sind und sehr wohl wissen, was sie beim Zählen tun?« werden Sie sich vielleicht jetzt fragen. Das ist eine wichtige Frage, denn Demotivierung durch einen langweiligen Unterricht im »kognitiven Niedrigwasser« (Buchner 2017, S. 171) ist genauso verhängnisvoll wie permanente Überforderung durch Unverständlichkeit. Die Arbeit an der Zahlenreihe ist jedoch alles andere als dröge und langweilig. Da wird gemeinsam agiert, gespielt, gelacht, gewetteifert und das kann immer wieder gemacht werden. Hier ist Heterogenität nicht hinderlich, sondern es gibt viele Ebenen, auf denen Kinder das Geschehen erleben können:

- Gemeinsames Tun ist für ein Entstehen von Gruppenkohäsion nützlich,
- Bewegung schafft Abwechslung,
- ein Zahlenwettstreit nach der Stoppuhr aktiviert den Spieleifer,
- die Verbindung von Sprechen, Bewegen und Rhythmus ist herausfordernd und muss trainiert werden,
- beim schrittweisen Aufdecken versteckter Zahlen gibt es unterschiedliche Schwierigkeitsgrade,
- beim Rückwärtszählen klinkt sich jedes Kind dort ein, wo es sich bereits auskennt,
- genauso ist es beim Zählen in Intervallen.

Und natürlich gibt es die rein sachliche Ebene. Das Wesen der Zahlenreihe: »Jede Zahl hat ihren eigenen Platz« wird verinnerlicht. Einige Möglichkeiten hierzu reiße ich nur kurz an (ausführlich in Buchner 2012a, S. 42–53):

- Zählen und Zuordnen am Zahlenstrahl (mit Magnetplättchen), vorwärts und rückwärts
- Schrittweises Aufdecken von verdeckten Zahlen am Zahlenstrahl
- lebendige Zahlenreihe aufstellen – jedes Kind bekommt eine Zahl
- zwei Gruppen gegeneinander um die Wette aufstellen: rote und blaue Zahlenreihe
- Zwanzigerstrahl am Boden: mehrere Gruppen im Wettstreit legen Zahlenkärtchen von 1 bis 20 an den Strahl, Zeit wird gestoppt
- Legen von Zahlenkärtchen 1 bis 20 in Partnerarbeit: Zahlenbild und Zahl zuordnen
- Zahlenmemory: Zahlenbild und Zahl aufdecken

- Räuber und Goldschatz: Würfeln auf der Zwanzigerreihe, der Goldschatz (Spielfigur) liegt zu Beginn auf der 10 und wandert je nach gewürfelter Zahl in Richtung 20 oder in Richtung 1.
- rhythmisches Zählen mit abwechselndem Klatschen und Stampfen zu den Zahlen, in Zweiersprüngen, mit »stummen« Zahlen, vorwärts und rückwärts, auch über die 20 hinaus.

Es gibt eine Fülle von Übungen, die alle nicht trivial sind, denn hier wird Grundlegendes geschaffen: Durch alle Aktivitäten, die mit dem ganzen Körper ausgeübt werden, wie bei der lebendigen Zahlenreihe, beim rhythmischen Zählen, aber auch beim Legen von Zahlenkärtchen auf dem Zwanzigerstrahl am Boden, wird die Ordnung der Zahlenreihe dreidimensional erfahren. Die drei Grundsinne – taktil, vestibulär, propriozeptiv (Ayres 1984, S. 85) sind aktiv. Wenn mit den Händen etwas getan, wenn gehandelt wird im engeren Sinne, dann müssen Augen und Hände koordiniert zusammenarbeiten. Diese Koordination ist für den nächsten Schritt, das Arbeiten im Nahbereich mit Stift und Papier – also einem zweidimensionalen Medium – unverzichtbar.

Grundvorstellung Nummer zwei, der zweite Baustein: Zahlen haben viele Gewänder

Die kardinale Bedeutung – wie viele habe ich?

Natürliches Lernen ist spannend und vielschichtig. Das überzeugendste Modell hierfür haben wir beim Erwerb der Muttersprache vor Augen. Wenn wir zu unseren Kindern sagen würden: »Bevor du neue Wörter kennenlernst, musst du erst einmal die alten exakt aussprechen können«, dann würde uns sicher jeder für sehr töricht halten, denn jeder weiß, dass Kinder durch ständiges Anwenden und Wiederholen allmählich immer sicherer mit ihrer Muttersprache umgehen. Zwischendrin werden auch Fehler gemacht, nicht selten sogar solche, die eigentlich schon abgelegt wurden. Das passiert besonders dann, wenn durch das Immer-wieder-Tun eine Regel erkannt wurde, die aber nicht auf alles passt und im entdeckerischen Übereifer auch bei unpassender Gelegenheit angewandt wird. So entstehen ganz drollige Fehlformen, wie z. B. gebringt statt gebracht oder geschneidet statt geschnitten, die irgendwann auch wieder von selbst verschwinden. Es werden nicht additiv verschiedene Sprachlernthemen aneinandergereiht und nach Erledigung abgehakt und als vorhanden vorausgesetzt, sondern das ganze Gebäude ist ein Konstrukt aus ineinander verschlungenen Teilen, die immer wieder begangen und verschönert werden müssen, bis schlussendlich das großartige und imposante Gebäude »Muttersprache« entstanden ist, an dem allerdings auch erwachsene »Hausbesitzer« immer noch etwas verbessern und dekorieren können.

Dieses Lernmuster des Immer-wieder-Tuns einerseits und andererseits des stetigen Voranschreitens hat auch in einem gut strukturierten Rechenunterricht seinen Platz – nicht im Sinne von bunt durcheinander gewürfelten Aufgabenstellungen, einmal von dieser, dann wieder von jener Sorte. Wir können uns das vielmehr vorstellen wie einen Klangteppich, der immer vielfältiger wird, in dem aber alle Bestandteile ständig am Klingen sind.

Zum Grundrhythmus des Zählens kommt nun jener der kardinalen Zahlenbedeutung dazu. Dies zu verstehen ist unabdingbar für das mathematische Modellieren, also das Übersetzen von konkreten Situationen in die Sprache der Mathematik.

Zahlen sind nicht nur in einer Marschordnung aufgestellt, sie können auch – jede für sich und herausgelöst aus der Kolonne – die Mächtigkeit einer Menge angeben. Ein Kind hat dieses Konzept dann wirklich verstanden, wenn ihm klar ist, dass die Drei, die die Menge »drei Kühe« beschreibt, auch verwendet werden kann für drei Kinder, drei Gummibärchen, drei Wurstsemmeln, drei Hühneraugen, drei Autos, drei Mücken, drei Häuser usw.

Achtung, liebe Kolleginnen! Das ist keine selbstverständliche Erkenntnis. Um soweit zu kommen, muss nämlich in den Kinderköpfen das stattfinden, was Hans Aebli als »Begriffsbildung« zu einer »zentrale[n] Aufgabe des Unterrichts« erklärt (Aebli 2011, S. 245): Erst wenn die Idee der Drei – losgelöst von ihrem jeweiligen konkreten Kontext – auch als solche be-griffen wurde, ist sie übertragbar auf jeden beliebigen Sachverhalt. Handlungsmöglichkeiten zum Aufbau von Zahlenbegriffen sind leicht zu finden, gerade weil ein und dieselbe Zahl in alle möglichen Sachverhalte eingekleidet werden kann. So sind die einzelnen Inhalte verschieden, aber es wiederholt sich das Bilden gleich großer Mengen, die alle zu einer bestimmten Zahl passen, so dass die Übertragbarkeit der Zahlenidee, des Begriffes einer Zahl, evident wird und sich mit jedem Wiederholen des praktischen Handelns mehr festigt.

Wenn wir beim Beispiel unserer Drei bleiben, so würden aus dem Freiarbeitsregal zunächst einmal verschiedene Kontexte herausgeholt: Ein Spinnennetz, ein Seerosenblatt, ein Vogelnest, ein Salatkopf, eine kleine Wiese, ein Haus und ein Parkplatz. All das ist bei den heutigen technischen Möglichkeiten ja so leicht herzustellen: Bilder aus dem Internet ausdrucken, laminieren und ausschneiden – schon sind die ersten Schritte zum Anlegen einer Sammlung gemacht. Nun muss eine Zahlenkarte ausgelegt werden, um die die Kontextbilder gruppiert werden. Zu jedem Bild kommt der passende Inhalt (als Spielfigur oder auch laminiert und ausgeschnitten):

- 3 Spinnen in das Spinnennetz
- 3 Frösche auf das Seerosenblatt
- 3 Eier in das Vogelnest
- 3 Schnecken auf den Salatkopf
- 3 Kühe auf die Wiese
- 3 Kinder vor das Haus und 3 Autos auf den Parkplatz

Dass die Drei zu jeder einzelnen Menge passt, kann noch einmal verstärkt betont werden, wenn zu jedem Bild ein eigenes kleines 3er-Kärtchen gelegt wird. Das Aussuchen der Bilder, das Legen von Zahlenkarten und Mengen kann in den Freiarbeitsphasen angeboten werden. Wiederholtes Tun führt zur Bildung von Begriffen: Die Drei, die Fünf, die Sieben sind dann nicht mehr gekoppelt an eine bestimmte Vorstellung, sondern werden zu frei verwendbaren Begriffen und erst, wenn wir diese zur Verfügung haben, können wir mit ihnen operieren. »Begriffe sind die Instrumente, die uns die Welt sehen und verstehen lassen. […] Schließlich sind die Begriffe die Einheiten, mit denen wir denken« (Aebli 2011, S. 246).

Neben dem Arbeiten mit konkreten Bildern und verschiedenen Inhalten gibt es auch noch die Möglichkeit, verschieden große Mengen, die aus gleichen Elementen bestehen, handelnd darzustellen.

Im Fall der unterschiedlichen Bilder ist die Mächtigkeit gleich, der Inhalt (Autos, Kinder usw.) aber verschieden und es wird deutlich, dass drei Elemente immer auch drei Elemente bleiben, ob es nun um große Exemplare wie z. B. Häuser, Autos oder Elefanten geht oder um kleine, wie z. B. Spinnen, Schnecken oder Frösche.

Im Fall der gleichen Bilder, aber mit verschieden großen Anzahlen, wird deutlich, dass drei weniger sind als sieben, auch das ist eine wichtige und fundamentale Erkenntnis.

Für diesen Mengenvergleich eignen sich z. B. verschieden hohe Klötzchentürme, zu denen Zahlenkarten gelegt werden oder auch Pfeifenreiniger, die an gelochten Zahlenkarten hängen und auf die dann die entsprechende Anzahl an Perlen gefädelt wird.

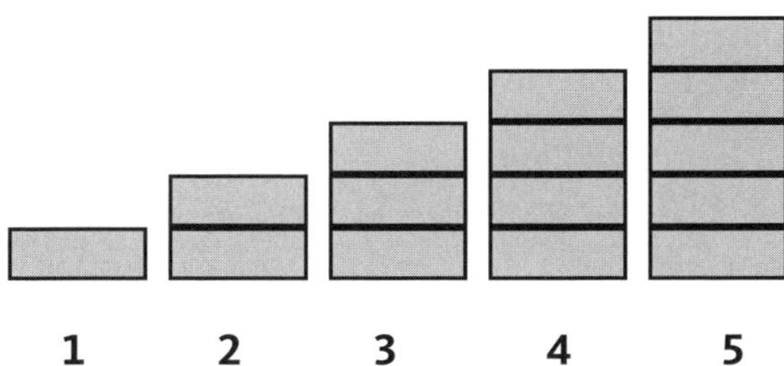

Zahlen helfen dabei, Mengen zu vergleichen.

Dieses Vergleichen von Mengen stellt auch eine gedankliche Verbindung zur ordinalen Zahlenreihe dar: Je weiter hinten eine Zahl auf dem Zahlenstrahl steht, desto mehr Elemente hat die Menge, die zu dieser Zahl passt. Wer also die beiden Systeme »Menge« und »Zahlenreihe« gut verknüpft hat, kann sofort bestimmen, was mehr ist: neun oder sieben?

Unser Ziel: Zahlenfitness aus dem Handgelenk

Wie beim Erlernen der Muttersprache, so ist es auch beim Vordringen in die Geheimsprache der Mathematik: Wir bleiben am Ball und üben andauernd. Das Geheimnis dieses Übens ist aber, wie beim »normalen« Sprechen auch, dass es ganz selbstverständlich und fast nebenbei geschieht. Halten Sie doch immer wieder einmal zu Beginn der Rechenstunde eine Zahlenkarte hoch und fragen: Was kann das alles sein?

Dem Einfallsreichtum und der Erfinderlust der Kinder sind dabei keine Grenzen gesetzt. Die Zahl 8 kann zum Beispiel vieles bedeuten:

8 Kinder, 8 Stühle, 8 Unterhosen, 8 Bücher, 8 Schuhe, 8 Hühner, 8 Butterbrezen usw.

Sie können auch zwei Zahlen nehmen, z. B. vier und neun, und wieder Gegenstände sammeln. Ordnen sie dann der kleineren Zahl etwas Großes zu und der größeren Zahl etwas Kleines:

4 Elefanten 9 Butterbrezen

Nehmen sie zwei Schüsselchen, eine Elefantenschüssel und eine Butterbrezenschüssel. Zählen Sie für jeden Elefanten gemeinsam mit den Kindern eine Perle in die Elefantenschüssel: 1 Elefant, 2 Elefanten ...

Zählen Sie für jede Butterbreze genauso die passende Anzahl Perlen in die Butterbrezenschüssel: 1 Butterbreze, 2 Butterbrezen ...

Und nun wird nachgedacht: In welcher Schüssel sind mehr Perlen? Wenn ich »in echt« die Elefanten in eine Tüte stecke und die Butterbrezen in eine andere: Wofür brauche ich die größere Tüte?

Das Ergebnis liegt auf der Hand: Elefanten brauchen die größere Tüte, aber sie haben weniger Perlen in ihrer Schüssel. Auch das ist nicht trivial, denn hier wird verdeutlicht: Die Anzahl der Elemente ist unabhängig von der Größe der einzelnen Elemente. Das muss nicht eigens erklärt werden, viel wichtiger ist es, derartige Bezüge immer wieder einmal kurz und plakativ zu demonstrieren.

Auch die Frage: »Welche Zahl ist die größte: 7, 5, 9?« eignet sich für eine Blitzübung genauso wie das spontane Weiterzählen in verschiedenen Variationen vorwärts, rückwärts oder in Sprüngen: »Wer macht mit? 18, 19, 20, 21 ... 16 – 14 – 12 ... usw.

Und das ist nur die Spitze des Eisbergs

Nach all dem Gesagten muss es uns doch sehr fahrlässig vorkommen, wenn bereits in den allerersten Anfangsgründen des Rechenunterrichts mit Zahlen geradezu herumgeworfen wird. Wir haben jetzt diejenigen Seiten der Zahlenidee zu Gesicht bekommen, die uns helfen, überhaupt erst einmal einige Schritte im mathematischen Gelände zu gehen. So sehr weit kommen wir damit allerdings noch nicht und überhaupt: Auch Mathematiker können uns hier keine umfassende Auskunft geben, wenn man Albrecht Beutelspacher glauben will und ich für meine Rechenlehrerperson tue das:

> *»›Was ist eigentlich eine Zahl?‹ Es gibt kaum etwas, womit man einen Mathematiker so leicht in Verlegenheit bringen kann wie mit dieser simplen Frage. Man denkt: Wenn die Mathematiker etwas wissen müssen, dann zumindest, was eine Zahl ist. Denn sie beschäftigen sich doch die ganze Zeit mit Zahlen! Aber jede Mathematikerin und jeder Mathematiker wird bei dieser Frage zunächst leicht verlegen werden, dann so etwas murmeln wie ›Das ist nicht so einfach, wie Sie denken‹ und eigentlich am liebsten die Antwort verweigern. Nach einiger Zeit wird sie bzw. er aber zugeben müssen, keine wirkliche Antwort zu wissen. Skandalös: Die einfachste Frage an die Mathematik bleibt ohne Antwort! Das liegt daran, dass diese Frage keine Antwort hat. Jedenfalls keine einfache. Und auch nicht nur eine.«*
>
> *Beutelspacher 2013, S. 7*

Weil wir in der Grundschule in erster Linie ein solides Fundament für die geläufige Anwendung der Grundrechenarten legen sollen, sind wir angesichts der »Zahlenfrage«

in einer glücklicheren Lage als »echte« Mathematiker. Wir dürfen uns vorerst einmal damit zufrieden geben, die beiden Spielarten der ordinalen und kardinalen Bedeutung von Zahlen für uns selbst gedanklich sauber zu ordnen und unseren Schülern Möglichkeiten zu bieten, einen tragfähigen »einfachen« Zahlenbegriff zu erwerben.

Aber es sei noch einmal nachdrücklich gesagt: Es ist nicht damit getan, aufs Geratewohl im »begriffsleeren« Raum Zahlen zu verwenden und darauf zu bauen, dass die Kinder schon wissen werden, was damit gemeint ist. Es ist leider ein wenig komplizierter, dafür aber auch viel spannender und lustiger.

Also stürzen Sie sich munter ins Zahlengetümmel und Sie werden sehen: Alle kommen auf ihre Kosten, auch die Lehrerin.

Grundvorstellung Nummer drei, der dritte Baustein: Mit Zahlen können wir agieren

Nötiges Handwerkszeug: Ziffern schreiben

Wenn die ersten beiden Instrumente des mathematischen Klangteppichs – Ordnungszahlen und Kardinalzahlen – am Klingen sind und weiterhin eifrig gespielt werden, dann geht es an den nächsten Schritt und die Frage heißt nun: Was kann ich mit den Zahlen, die mir immer vertrauter werden, denn machen?

Da ist es natürlich wichtig, zügig daran zu arbeiten, diese Zahlen aufschreiben zu können. Der Ziffernschreibkurs läuft also als eigenes kleines Programm nebenher (Buchner 2012a, S. 58–63).

Jetzt wird's spannend: Mengen bestehen aus Teilmengen

Doch jetzt bereits mit den Operatoren plus und minus daherzukommen, wäre ein didaktischer Fehler. Welche Spielräume würden sich denn damit eröffnen? Doch nur ein höchst langweiliges und nicht nur unergiebiges, sondern sogar verhängnisvolles Kreisen in einem kleinen Zahlenraum mit immer wieder den gleichen Aufgaben. Ob Zahlenschnecke, Haus, Blume oder gar eines dieser Bilder, die Wittmann/Müller als »bunte Hunde« geißeln, bei denen bestimmte Zahlenfelder eines Bildes nach und nach ausgemalt werden, so dass zum Schluss alles bunt ist (Wittmann/Müller 1992, S. 156): hier ist kein Erkenntniszuwachs zu erwarten. Denn bevor wir mit diesen Geheimzeichen eine neue Abstraktionsebene betreten, müssen wir uns noch intensiver mit den Eigenschaften der Zahlen befassen.

Zahlen haben eine Ordnung, die ich mir zunutze machen kann, wenn ich die Anzahl der Elemente in einer Menge bestimmen möchte.

»Die Elemente einer Menge zu ›zählen‹ bedeutet, jedem Element ein Symbol zuzuordnen, […] welches einer Zahl entspricht […]; man beginnt mit der Einheit und schreitet fort, bis die Elemente einer Menge verbraucht sind. […] Die Ordnungszahl des letzten Gegenstandes der Menge gibt zugleich die Anzahl ihrer Bestandteile wieder.

Ifrah 1993, S. 44

Das, was uns so selbstverständlich vorkommt, birgt durchaus Stoff zum mathematischen Nachdenken.

Bei der simplen Tätigkeit des Abzählens entsteht eine Verbindung zwischen Kardinal- und Ordnungszahlen. Drei Fähigkeiten braucht der menschliche Verstand hierzu:

(1) Das Nacheinander-Benennen der einzelnen Elemente: Diese müssen also in eine Ordnung gebracht werden, damit nicht doppelt gezählt oder etwas ausgelassen wird.
(2) Das Weitergehen in der Reihe der Ordnungszahlen jeweils um eins: Es ist in einer invariablen Reihe festgelegt, welche Zahl jeweils dran ist.
(3) Dieses Weitergehen ist verbunden damit, dass zur Zahl auch jeweils die Existenz eines gezählten Objekts erfasst wird.

Wenn Kinder das sicher können, sind sie auf dem besten Weg, das Prinzip der Rekursion zu begreifen und damit einen wesentlichen Schritt hin zur mathematischen Lernfähigkeit zu tun:

»Dieser Gedanke (der Rekursion, Anm. der Autorin) beruht darauf, daß die ganzen Zahlen als Mengen abstrakter Einheiten begriffen werden, die schrittweise, von der Einheit ausgehend, durch jeweilige Hinzufügung einer weiteren Einheit gebildet werden.«

Ifrah 1993, S. 42

Das liest sich jetzt zwar etwas verwirrend, doch eigentlich ist es ganz einfach: In jeder Zahl stecken abstrakte Mengen: lauter Einer, die man aber auch in weitere abstrakte Unter-Mengen zusammenfassen kann. Die Zahl 7 hat also als abstrakte Bestandteile entweder …

- sieben Einer: 1 + 1 + 1 + 1 + 1 + 1 + 1
- oder eine Zwei und fünf Einer: 2 + 1 + 1 + 1 + 1 + 1
- oder eine Drei und vier Einer: 3 + 1 + 1 + 1 + 1
- oder ganz anders: eine Drei und eine Vier: 3 + 4 usw.

Das ist ein abstraktes Prinzip und das didaktische Kunststück ist jetzt nicht, die Kinder auf Gleichungen zu »dressieren«, deren Ergebnisse sie mechanisch, auswendig gelernt und verständnislos ausspucken, sondern unsere pädagogische Aufgabe wäre es eigentlich, *Kinder an dieses abstrakte Prinzip heranzuführen.* Mit Erklärungen ist es nicht getan und wie wollte man denn auch etwas so Abstraktes für Kinder in Worte fassen?

Alfred Beutelspacher hat schon recht (2013, S. 7) und Georges Ifrah bestätigt das:

> *»Der Zahlbegriff scheint doch wesentlich komplizierter zu sein, als es auf den ersten Blick scheint.«*
>
> *Ifrah 1993, S. 46*

Zahlenchunks – Zusammenhänge werden sichtbar

Doch wir haben ein wunderbares Werkzeug, um hier durch häufig wiederholtes, aber dennoch abwechslungsreiches Tun dieses Prinzip der Mengen und ihrer abstrakten Unter-Einheiten erfahrbar zu machen: Die rotblauen Wendeplättchen.

Da werden zuerst einmal die benötigten Plättchen abgezählt. Dann können diese in einem Würfelbecher oder auch in den zusammengelegten hohlen Händen ordentlich durchgewürfelt und anschließend auf den Tisch geworfen werden. Und wir sehen: Die ursprüngliche Menge von z. B. sieben Einheiten stellt sich jetzt dar als eine blaue Menge von zwei Einheiten und eine rote Menge von fünf Einheiten.

Was hat unsere Schülerin hier erfahren? In der Zahl Sieben stecken eine Zwei und eine Fünf. Nun gilt es aber, ja nicht der Versuchung zu erliegen, daraus eine Gleichung zu basteln. Das ist eine abstrakte Hausnummer zuviel. Wenn hingegen das Ergebnis dieser mathematischen Handlung naiv notiert wird, bleibt es verständlich und nachvollziehbar. Wie derlei Übungen konkret angelegt, abgewandelt und immer wieder eingesetzt werden, habe ich ausführlich beschrieben (Buchner 2012a, S. 79–90 und Buchner 2012b). Hier geht es mir darum, die Bedeutung dieser Übungen theoretisch zu begründen. Ein Beispiel für die Notation soll deshalb genügen:

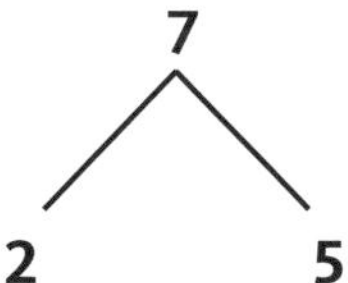

Der Unterschied zu einer Gleichung liegt auf der Hand: Hier werden keine »Geheimzeichen« verwendet, sondern es wird durch dieses Äste-Diagramm in einer Art Skizze festgehalten, was bei der konkreten Handlung geschah: Erst waren es sieben Plättchen, nach dem Hinwerfen sah man zwei von einer Sorte (blau) und 5 von einer anderen Sorte (rot).

Das abstrakte Prinzip, dass eine Zahl sich aus Unter-Einheiten zusammensetzt, wird im Tun konkretisiert, ohne Erklärung, nur durch die eigene Erfahrung. Alternativ zu dieser Äste-Notation können auch Tabellen angelegt werden, die ebenfalls naiv und intuitiv verständlich sind: auf einer Seite steht die Menge der blauen Plättchen, auf der anderen Seite die Menge der roten. Die Schüler agieren immer mit einem Gefüge von drei Zahlen – den Zahlenchunks. Durch dieses Prinzip des Arbeitens mit Zahlentripeln werden spielerisch und ganz nebenbei Zahlenbeziehungen im Gedächtnis verankert. Dieses Prinzip des »Chunking« hat erstmals der Psychologe George A. Miller (1956) zur Verbesserung von Gedächtnisleistungen propagiert.

Mit den Wendeplättchen sind zahlreiche Aktivitäten möglich, die alle zu einem vertieften Verständnis des abstrakten Konzepts »Zahl« führen:

- Herausfinden aller möglichen Wurfergebnisse – also Zerlegungen – für eine Zahl
- Darstellen dieser Ergebnisse auf verschiedene Arten, um durch die Übertragbarkeit einen Schritt zur Abstraktion zu machen: als Äste-Diagramme, in einer Tabelle, als Punktebilder, als Zahlenhäuschen
- Plättchenmuster zu den einzelnen Zahlen erfinden und mit der Schablone ins Heft zeichnen,
- »echtes« Spiegeln von Plättchenmengen mit einer ebenfalls naiven Notation der Ergebnisse in einer »Spiegel-Tabelle« u. v. a (siehe hierzu Buchner 2012a, S. 90 ff.)

Wenn Sie die Möglichkeiten, die sich hier ergeben, kreativ voll ausschöpfen, dann haben Sie einige Monate lang ausreichend zu tun und müssen nicht Angst haben, Ihnen könnten die Themen ausgehen.

Es geht weiter: Plus, Minus und Konsorten

Eines ist sicher bereits deutlich geworden: Das elementare Rechnen bietet auch für die Lehrkräfte eine Reihe von Herausforderungen. Und damit meine ich nicht das Vermitteln, ich meine das Verstehen. Denn – Hand aufs Herz – haben Sie, liebe Kollegin, sich denn bei der Planung Ihrer Rechenstunden schon einmal Gedanken über das Wesen der Zahlen gemacht oder über die hochabstrakte Geheimsprache der Mathematik? Wahrscheinlich nicht. Das soll aber nicht heißen, dass Sie sich hier eines Versäumnisses schuldig gemacht hätten, denn es wird uns nicht an der pädagogischen Wiege – also im Rahmen unserer Ausbildung – gesungen, wie wichtig derartige Gedanken sind. Da geht es um Methodenvielfalt, Stundenaufbau, Kompetenzhierarchien und ähnlich fruchtlose Themen, die alle sehr eindrucksvoll und wichtig daherkommen, aber für die konkrete Arbeit wenig bringen. Wenn Sie nämlich nach Ihrer Ausbildung in der Praxis mit einer Klasse allein gelassen sind und pädagogisch in der ersten Reihe stehen, also dort, »wo die Musik spielt«, entscheidet über Erfolg oder Misserfolg alleine eine Frage: Können Sie das Lernen für Ihre Schüler so organisieren, dass alle eine echte Erfolgschance bekommen?

Wenn Ihnen das gelingt, dann haben Sie dem Phantom Dyskalkulie die Zähne gezeigt und Ihre Schüler können getrost den Marsch in das mathematische Gelände antreten.

Denn Ihre Aufgabe als Lehrerin ist es nicht, den Schülern etwas beizubringen: Lernen muss jeder selber. Ihre Aufgabe ist es, das Terrain so aufzubereiten, dass es für alle begehbar wird, sozusagen barrierefrei, und gut aufzupassen, damit Sie sofort bemerken, wenn ein Kind stolpert. Sie sind Coach, Scout und Straßenarbeiter in Personalunion. In den vorherigen Abschnitten habe ich ausgeführt, wie wichtig es ist, die Selbstverständlichkeit im Umgang mit Zahlen zu hinterfragen und Kinder an das Zahlenwesen behutsam heranzuführen. Eine fast noch größere Verständnisbarriere als das unreflektierte Herumwerfen mit Zahlen stellt im Mathematikunterricht der vorschnelle Einsatz der abstrakten Symbole für Operationen und Vergleiche dar.

Erinnern Sie sich an die Hirten, die mit Kieselsteinen Buch führten über die Anzahl der Tiere in ihrer Herde. Eine vergleichbar einfache Buchführung stand am Anfang des Rechnens, denn die Motivation zu zählen und mit den Zahlen etwas anzufangen, entstand ja nicht, weil die Menschen sich sagten: »Jetzt wollen wir mal unseren logischen Verstand schulen und schauen, wer von uns am schlauesten ist.« Die allmähliche Eroberung der Zahlenwelt diente im Gegenteil höchst vitalen Bedürfnissen und sollte für die »einfachen Leute« Klarheit in lebenswichtigen Fragen schaffen: Komme ich mit meinem Tierbestand über den Winter? Wie viel Getreide brauche ich, um nächstes Jahr aussäen zu können? Wie viele Lämmer habe ich meinem Nachbarn überlassen? Da wurde dann auch bald die Notwendigkeit evident, sich manche Zahlen über einen längeren Zeitraum zu merken. Das Merken allein ist natürlich keine zuverlässige Methode, um später wieder auf bestimmte Zahlen zurückgreifen zu können. Also mussten diese irgendwie festgehalten werden – das war der Anfang von Rechennotationen.

Zu den ältesten Hilfsinstrumenten hierfür gehören wahrscheinlich eingekerbte Knochen, die später von eingekerbten Holzstücken abgelöst wurden.

> *»Diese Ursprünge der Buchführung haben die Menschheitsgeschichte fast unverändert überdauert. Vor nicht allzu langer Zeit war diese Methode in Frankreich in Bäckereien auf dem Lande noch durchaus üblich, wenn man das Brot auf Kredit verkaufte. In zwei kleine Holzstücke oder -plättchen, tailles (Kerbhölzer) genannt, die aufeinandergelegt wurden, machte der Bäcker jedesmal eine Kerbe, wenn der Kunde einen Brotlaib mitnahm. Das eine Holz blieb in der Bäckerei, das andere nahm der Käufer mit. Abrechnung und Zahlung erfolgten zu festgesetzten Zeiten, z. B. einmal in der Woche. Eine Reklamation war nicht möglich: Die zwei Holzstücke enthielten die gleiche Anzahl von Kerben gleicher Größe an den gleichen Stellen. Der Kunde konnte keine Kerbe beseitigen und der Bäcker keine hinzufügen.«*
>
> *Ifrah 1993, S. 110*

Das Nach-und-Nach-Einkerben ist allerdings mehr als nur ein einmaliges Festhalten eines Zählergebnisses: Hier wird bereits eine fortlaufende Addition durchgeführt und dokumentiert.

Das Verfahren der Einkerbung diente in verschiedenen Gegenden der Welt als Grundlage für Berechnungen aller Art: Schulden und Zinsen, Weiderechte, Kalenderaufzeichnungen, Abgabenfestsetzung, Lohn für abgeleistete Arbeitstage, Warenlieferungen auf Kredit usw.

Zu besonderer Blüte kam das Rechnungswesen bei den Inka, die mit ihren Knotenschnüren, den »quipu«, ein kompliziertes System des Zählens, Rechnens und Aufzeichnens besaßen.

> *»Auf den quipu konnten auch die einzelnen Rechenschritte und Zwischenergebnisse nachvollzogen werden, was sie zum idealen Hilfsmittel beim Zählen und Archivieren von Daten machte. Auf ihnen wurden militärische Daten und Tribute festgehalten, die Ernten ausgewertet, die Zahl der bei den religiösen Schlachtungen notwendigen Tiere berechnet; sie dienten als Lieferscheine [...], als Geburts- und Sterberegister, zu Volkszählungen und zur Aufstellung der Steuern, mit ihnen wurden die Ressourcen des Reiches erfaßt und der Haushalt geplant[...] Alljährlich registrierten sie die in einer Region abgelieferten Produkte oder zählten die verschiedenen Schichten der Bevölkerung; die Resultate übertrugen sie auf Knotenschnüre und gaben diese Register schließlich weiter in die Hauptstadt.«*
>
> *Ifrah 1993, S. 122–123*

Hilfsmittel für das Rechnen waren im Mittelalter auch Rechenbretter und Zähltafeln. Das »Rechnen mit der Feder«, also nur noch auf dem zweidimensionalen Medium Papier und unter Verwendung von Rechenzeichen, konnte sich in Europa erst langsam durchsetzen. Ifrah (1993, S. 147) spricht von einem »polemisch geführten Streit [...], der seit Beginn des 16. Jahrhunderts zwischen den Abakisten, den Anhängern des Rechenbretts, und den Algoristen ausgetragen wurde, die hartnäckig das Rechnen mit der Feder verfochten.«

Er berichtet auch noch von einer Buchführungspraxis aus Äthiopien, die uns eher makaber anmutet: Beim Ausziehen in eine Schlacht wurde für jeden Soldaten ein Stein auf einen Haufen gelegt. Jeder Überlebende nahm bei der Heimkehr wieder einen Stein weg und die Steine, die liegen blieben, stellten die Zahl der Toten dar (Cohen 1958 in Ifrah 1993, S. 119).

Die Menschen tasteten sich also, ausgehend vom Zählen, über verschiedene Hilfsmittel zur Buchführung, zum Addieren, Zuteilen und Einfordern, heran an das Notieren ganzer Rechenoperationen.

Was aber geschieht für gewöhnlich im elementaren Rechenunterricht? Da werden Konzepte wie Summe, Rest, abziehen, hinzufügen, größer, kleiner und gleichgroß nicht nur als bereits in den Köpfen vorhanden vorausgesetzt, sie werden auch noch ohne größere Bedenken gleich symbolisiert durch abstrakte Zeichen in der Annahme, das sei doch »eigentlich« ganz einfach und logisch.

Das kann gar nicht für alle Kinder gutgehen. Freilich wird jeder unserer Schüler, wenn er es nur oft genug gehört hat, als Antwort auf den Reiz »4 + 3« die reaktive Antwort »7« plappern können, denn mehr als plappern ist das oft nicht. Was wirklich im Kopf der Kinder bei dieser Antwort abläuft, sehen wir ja nicht, aber es könnte durchaus im ein oder anderen Fall – also bei einem Dyskalkulieaspiranten – auf ähnlichen Gedanken beruhen wie: »Ich habe zwar überhaupt keine Ahnung, warum, aber immer, wenn ich an dieser Stelle 7 sage (oder hinschreibe), freut sie sich.» Sie – das ist natürlich die Lehrerin, der so ein kleiner Knirps ja gerne einen Gefallen tut. Und weil die Variationsmöglichkeiten beim Kreisen in den winzigen Zahlenräumen noch sehr überschaubar sind, gelingt das auch oft: Das Ergebnis »stimmt« und Kind, Lehrerin und Eltern sind zunächst einmal froh.

Vor einem derart überstürzten Vorgehen, wie es in den gängigen Rechenbüchern üblich ist, kann ich gar nicht genug warnen. Hier werden alle Prinzipien einer soliden Didaktik über Bord geworfen und es soll ein Wolkenkratzer auf schwankendem Grund errichtet werden.

Was also kann im Unterricht getan werden, um Kinder behutsam und sicher mit der formalen Sprache der Mathematik vertraut zu machen?

Zum mathematischen Klangteppich der vielfältigen Beschäftigung mit Ordnungszahlen und Mengen, der ständig am Klingen gehalten wird, kommen weitere Stimmen: Additionen in verschiedenen Schwierigkeitsstufen, danach erst Subtraktionen. Damit auch sie sich gut in den Gesamtklang einfügen, muss ihre Qualität gesichert werden: Es darf keine Misstöne geben.

Grundvorstellung Nummer vier, der vierte Baustein: Was bedeutet es, mit »Plus« zu rechnen?

Das mag jeder: Es wird mehr

In einem aktuellen Rechenbuch der 1. Klasse finde ich bereits auf der vierten Doppelseite die Einführung der Addition: Da steht in einem Kasten als Überschrift: »Es werden mehr«, darunter zur Verdeutlichung ein Pluszeichen und schließlich die Rechnung: 3 + 1 = 4 und zur Erklärung der Satz: »4 ist das Ergebnis«.

Dann kommen verschiedene Bilder, unter denen dasjenige ausgesucht werden soll, das zur Rechnung passt und auf der gegenüberliegenden Seite geht es gleich weiter mit Fingerbildern, die nun verschiedene Additionen darstellen, die von den Kindern als Gleichung notiert werden sollen, alle im Zahlenraum bis 5.

Abgesehen davon, dass wohl nur die wenigsten Kinder die verbalen Erklärungen selber lesen können, genügt das doch nicht, um das Prinzip der Addition »erst habe ich eine Menge, dazu kommt eine zweite Menge und zum Schluss habe ich eine größere Menge« auf Anhieb in die Köpfe zu bringen. Andererseits sind die ewig gleichen Rechnungen nichts, was ein wissbegieriges Kind anspornen kann. Um wieviel besser haben es da die Kinder, die zuerst einmal Zeit hatten, sich im Zahlenraum bis 20 und auch immer wieder einmal darüber hinaus zu orientieren und gemütlich einzurichten.

Über das Werfen von Plättchenmengen wurde bei diesen glücklicheren Kindern auch die Idee der Addition allmählich vorbereitet, denn durch das Tun konnten sich im Kind Erkenntnisse von Gemeinsamkeiten bilden, die immer wieder – bei jedem Werfen einer Plättchenmenge – auftreten, nämlich: »Die Menge, die bei einer Ästenotation oben steht, war vor dem Werfen die große Menge. Die beiden Zahlen an den Ästen benennen die Teilmengen, die in der großen Menge enthalten waren und nach dem Werfen nun sichtbar sind.« Denken wir an das abstrakte Mengenkonzept, das vor jeder Rechenoperation erst einmal im Verstand vorhanden sein muss: In jeder Zahl stecken abstrakte Mengen: lauter Einer, die man aber auch in weitere abstrakte Unter-Mengen zusammenfassen kann (s. S. 34).

Ohne die Idee dieses abstrakten Konzepts bleibt jedes Rauf- und Runterzählen und jedes Nachsagen von Ergebnissen nur ein Schein-Verständnis, dem wir Lehrer nicht auf den Leim gehen sollten.

Ein weiterer Zahlenzusammenhang wird aus dem häufig praktizierten Werfen von Plättchenmengen deutlich: Wenn ich die beiden Teilmengen wieder im Würfelbecher oder in der Hand zusammenschütte, um erneut zu werfen, habe ich die große Menge wiederhergestellt: Ich kann also aus einer größeren Menge zwei kleinere bilden und diese beiden kleineren Mengen wieder zusammenschütten zu der ursprünglichen größeren. Hier muss nichts erklärt werden: Die Struktur im Kopf bildet sich durch das Immer-wieder-Erleben. Sie können hier noch nachhelfen, wenn Sie in der »vor-symbolischen« Phase des Agierens mit Zahlen und des naiven Notierens – in der noch keine Gleichungen präsentiert werden – immer wieder einmal zwei Perlenmengen nehmen, am besten in zwei getrennten Schüsselchen, diese »feierlich« zusammenschütten und von den Kindern die neue Menge nennen lassen.

Bleiben wir bei unserem bereits angeführten Beispiel: 4 + 3.

In ein Schüsselchen werden gemeinsam und laut – von Lehrerin und Kindern – vier, in ein anderes drei Perlen hineingezählt. Zwei »Assistenten« schütten – gut sichtbar für alle – die Inhalte der kleinen Schüsseln von beiden Seiten in eine mittlere große Schüssel. »Was glaubt ihr, wie viele Perlen sind in der großen Schüssel?« Die Kinder, in deren Köpfen sich durch das Plättchenwerfen schon viele »Zahlenchunks« gebildet haben, werden es wahrscheinlich wissen. Das Ergebnis kann durch Nachzählen auch noch verifiziert werden.

Wie beim Erlernen der Muttersprache ist es auch hier: Oft und kurz kann dieses Zusammenschütten mit unterschiedlichen Perlenmengen vorexerziert werden.

Die verschiedenen »Zahlenchunks« die jeweils ein Tripel bilden, werden über das Plättchenwerfen gefestigt, ihre Beziehung zur Addition kann mit Schütt-Experimenten verdeutlicht werden und so formiert sich allmählich eine Struktur in den Köpfen der Schülerinnen und Schüler.

Wenn dann die »echte« Notation von Gleichungen eingeführt wird, ist der Boden gepflügt und gedüngt, die Saat kann gedeihen. Und dennoch, es wird Ihnen vielleicht übertrieben vorkommen, weil Sie das noch nicht ausprobiert haben: auch bei dieser gründlichen Vorbereitung ist es – für eine sichere Verankerung der Operation »Addition« in allen Schülerköpfen – nötig, zu Beginn einer Rechenstunde immer wieder einmal zu fragen: »Was passiert beim Plusrechnen?«

Die Antwort der Kinder wird von mir dann mit großer Gestik untermalt und auch noch einmal wiederholt:

Ein Haufen (*rechter Arm wird waagrecht ausgestreckt*)
und noch ein Haufen (*linker Arm wird waagrecht ausgestreckt*)
werden zusammengeschüttet zu einem großen Haufen (*beide Hände kommen schwungvoll in der Mitte zusammen*)

Stoßen Sie sich bitte nicht an dem Wort »Haufen«. Der Begriff »Menge« wäre sicher objektiv besser, aber mir geht es vorrangig darum, für alle Kinder verständlich zu sein und »Haufen« ist einfach konkreter als »Menge«.

Erste »echte« Gleichungen

Wenn die Kinder in gründlicher Vorarbeit sich bereits mit dem Prinzip der Addition vertraut gemacht haben, fällt die Saat der Geheimzeichen »Plus« und »Ist-gleich« auf fruchtbaren Boden. Da ist dann nur ein Zwischenschritt nötig, um das, was bereits bestens bekannt ist, in eine andere Darstellungsform zu bringen.

Zerlegungsmöglichkeiten einer Zahl, die bisher als Äste-Diagramm oder Tabelle angeschrieben wurden, können nun in große Zahlenhäuser mit mehreren Stockwerken übertragen werden. Zwei zusammenpassende Zahlen wohnen jeweils in einem Stockwerk. Wenn wir sie mit einem Plus verbinden und dazu ganz lapidar feststellen »Die gehören zusammen«, so sprechen wir damit nur etwas Bekanntes aus. Dass diese beiden Zahlen zusammengeschüttet dann die Hausnummer des Zahlenhauses ergeben, also das, was als »Summe« im Hausdach steht, ist für die Kinder selbstverständlich und das Gleichheitszeichen als Ausdruck dafür nichts, was sie verunsichert.

Sie werden sich vielleicht verwundert fragen, wieso denn nun – nachdem schon mehrmals eindringlich vor zu schnellem Vorgehen gewarnt wurde – so flott und ohne Umschweife von der einen zur anderen Notation gewechselt wird. Zwei Punkte halte ich für entscheidend, damit das gelingt:

- Auch wenn die Darstellungsform »Gleichung« erst zu einem relativ späten Zeitpunkt auftaucht, so ist doch die mathematische Struktur, die im »Zusammenschütten« zweier Mengen evident wird, den Kindern bestens vertraut. Sie wissen, was da passiert und haben es oft in unterschiedlichen Formen selbst praktiziert. Das ist etwas ganz anderes als wenn so eine Gleichung gleich am Anfang der mathematischen Schulbiografie auftaucht und dann hinterher mühsam versucht werden muss, das unverstandene Abstrakte vielleicht doch noch begreifbar zu machen.
- Und dann hängt die neue Notation der »echten« Gleichung auch nicht in der Luft, sondern wird immer wieder den Zahlenerfahrungen gegenüber gestellt, die bereits gut verankert sind, das heißt konkret: Äste-Diagramme und Zahlenhäuser, die im Heft und auf Rechenblättern stehen, werden immer wieder als Gleichungen angeschrieben.

An dieser didaktischen Stelle ist jetzt auch der Einsatz der »klassischen« Additionsarbeitsblätter unverfänglich: Zwei bildlich dargestellte Mengen eines »Vorher-Bildes« werden zu einem »Nachher-Bild« vereint und die passende Gleichung wird dazu geschrieben.

Weil die Kinder schon reichlich Zahlenmaterial gesammelt haben, muss auf der Stufe der einfachen Additionen im Zahlenraum bis zehn nur kurz verweilt werden und es geht spannend und emotional weiter mit Rechnungen über den Zehner. Denn das Konzept »Addition« ist schnell verstanden, stellt es doch nur eine weitere Ausprägung des bereits bestens Bekannten und hinreichend Exerzierten dar. Neues Denkfutter ergibt sich beim Rechnen mit Zehnerübergang. Worauf es dabei ankommt, um das Neuland für die »guten« Rechner spannend zu machen und dennoch alle Kinder mitzunehmen, wird bei den Themen Emotionen (S. 85) und Stellenwerte (S. 50-51) besprochen.

Grundvorstellung Nummer fünf, der fünfte Baustein: »Was bedeutet es, mit »Minus« zu rechnen?«, gleich gefolgt von Baustein Nummer sechs und sieben

Hier muss angemerkt werden, dass mit der Arbeit an dieser Grundvorstellung des »Minus« ganz nebenbei und unbemerkt, gleichsam „undercover", die Grundvorstellungen von Tausch- und Umkehraufgaben (die Bausteine Nummer sechs und sieben) handelnd eingeführt und be-griffen werden.

Nicht so beliebt: Es wird etwas weggenommen

Gleichung ist nicht gleich Gleichung. Diese triviale Erkenntnis hat in die Erstklassrechenbücher offensichtlich noch nicht Eingang gefunden, denn dort werden gleich in den ersten Wochen Additionen und Subtraktionen in bunter Folge angeboten. Dabei ist das Konzept des Minusrechnens für die Kinder viel schwerer zu erfassen als jenes des Plusrechnens. Es ist ja auch das Rückwärtsgehen viel schwieriger als das Vorwärtsgehen. Halten wir uns vor Augen, was bereits anfangs gesagt wurde: Der Scheitellappen unseres Gehirns, die »Wo-Region«, soll beim Rechnen aktiv sein. Jede Bewegung, die mit mathematischen Zusammenhängen verknüpft wird und überhaupt jedes mathematische Handeln sind nützlich, um diese Aktivierung zu fördern.

Denn das bloße Hinschreiben eines Minuszeichens mit der Information, dass hier etwas weggenommen wird, kann schwerlich in die Köpfe aller Kinder das Verständnis für diese Operation einpflanzen, ganz zu schweigen davon, dass dadurch auch noch der Zusammenhang, der zwischen Addition und Subtraktion besteht, begreifbar gemacht werden könnte.

Natürlich weiß jedes Kind, vor allem eines, das kleinere Geschwister hat, dass einem auch einmal etwas weggenommen werden kann. Zwischen einer konkreten Situation »Mein Bruder hat mir die Buntstifte weggenommen« und einer Operation mit abstrakten Zahlen und Mengen, die auf jeden beliebigen Sachverhalt übertragen werden kann, besteht jedoch ein himmelhoher Unterschied. Und unsere spannende Aufgabe als Lehrer ist es, unsere Schüler auf dem Weg in die mathematische Abstraktion zu begleiten und das Gelände so vorzubereiten, dass jeder sicher dorthin gelangt.

Für konkrete Hilfen verweise ich wieder auf meinen Rechenlehrgang (Buchner 2012a). An dieser Stelle möchte ich Sie jedoch in erster Linie von der Wichtigkeit eines »alternativen« Herangehens an die Minusproblematik überzeugen und das dafür Nötige nur kurz umreißen.

Zunächst eine Anmerkung zum didaktischen Ort für das Einführen der Subtraktion. Ich habe die Erfahrung gemacht, dass es sich lohnt, langsam, gründlich und sehr gut durchdacht vorzugehen, was beileibe nicht heißt, dass in kleinen Zahlenräumen die immer gleichen Rechnungen durchgekaut werden, und auch nicht, dass bei Verständnisproblemen entweder der kleine Zahlenraum weiter minimiert wird oder Erklärungen endlos wiederholt werden. Das wurde bisher sicher schon deutlich und trotzdem will ich es noch einmal betonen, um hier ja keinen Anlass für ein Missverständnis zu schaffen. Der sichere Grund, von dem ich immer wieder spreche, besteht ja nicht im Auswendigwissen von Ergebnissen, sondern im Verinnerlichen und Be-Greifen von Strukturen. Wenn nun das Thema »Addition« mit allen Spielarten bearbeitet wurde, als da sind:

- Zehnerübergang auf verschiedene Arten mit dazu passender Handlung,
- zusätzlich zur numerischen Notation eine grafische, die den Denkweg verdeutlicht,
- Ausflug in den Hunderterraum über die dekadischen Analogien,
- Rechengeschichten zur Addition,

dann ist genügend Stoff da, aus dem sich auf einer weiteren Ebene, jener der Subtraktion, etwas Spannendes gestalten lässt.

Bleiben wir also erst einmal bei der Notwendigkeit, unsere neurologische Zahlenheimat »Scheitellappen« im Zusammenhang mit dem Rückwärtsdenken und Wegnehmen ein bisschen auf Trab zu bringen. Eine einfache und lustvolle Einstiegsübung stellt das echte Rückwärtsgehen, verbunden mit einem Rückwärtszählen, dar. Wir können bei jeder beliebigen Zahl starten, im Klassenzimmer rückwärts gehen und bei jedem Schritt zählen: 17 – 16 – 15 – usw.

Wir können auch wieder mit dem Zahlenstrahl am Boden arbeiten, den die Kinder bereits aus den Anfangsübungen zur ordinalen Zahlenreihe kennen: »Isabel, stell dich auf den Neuner. Geh drei Schritte zurück. Wo stehst du jetzt?«

Auch Rechengeschichten eignen sich gut zum Einstieg in das Thema »Wegnehmen«: »Hier (grünes Tuch) stehen 8 Kühe auf der Wiese. 5 Kühe gehen an die Tränke. Wie viele bleiben auf der Wiese?«

Diese Aufwärmübungen sind gut platziert zu Beginn einer Rechenstunde, bleiben aber an der konkreten Oberfläche.

Weil es uns für das Begreifen der abstrakten Übertragbarkeit, der sozusagen universalen Gültigkeit einer Zahlenbeziehung, aber nicht genügen kann, auf dieser Ebene zu bleiben, können wir nun wieder zurückgreifen auf unsere »Zahlenchunks«, jene Tripel, die in den Köpfen unserer Schüler durch zahlreiche Handlungen gefestigt wurden.

Ein »Zahlenchunk« wie z. B. 9-6-3 bietet Verständnismöglichkeiten, die über das bloße Automatisieren von Grundaufgaben weit hinausgehen.

Über »Zahlenchunks« werden Zusammenhänge deutlich, stecken darin doch zwei Plus- und zwei Minusaufgaben.

$6 + 3 = 9 \qquad 3 + 6 = 9 \qquad 9 - 3 = 6 \qquad 9 - 6 = 3$

Wer diesen Zusammenhang verstanden hat, ist natürlich um vieles weiter in mathematisches Gelände vorgedrungen als einer, der »nur« Ergebnisse auswendig gespeichert hat oder »nur« platt und vordergründig weiß: Bei Minus muss ich was wegnehmen (und das womöglich dann auch noch durch Rückwärtszählen praktiziert).

Doch wie bringen wir unsere Schüler soweit, diesen Zusammenhang wirklich zu be-greifen? Mit dem bloßen Erklären ist es hier nicht getan. Wenn wir uns anschauen, wie in gängigen Rechenbüchern Zahlenbeziehungen »ans Kind« gebracht werden, so muss man sich wundern, dass es überhaupt Schüler gibt, die im Grundschulunterricht mathematisches Verständnis aufbauen können.

Da werden mechanische Hilfsmodelle, z. B. für das Bilden von Umkehraufgaben, angeboten, die mit der Einsicht in mathematische Strukturen nichts zu tun haben, wie z. B. jenes:

$12 + 7 = 19$

↙

__ – __ = __

Der Schüler muss also nichts weiter tun als sich zu erinnern: »Bei Umkehraufgaben wird das Ganze umgedreht« und mechanisch und ohne jegliches Verständnis die Rechnung einfach »andersrum« und mit Minus aufzuschreiben. Der Pfeil, der die Umsiedlung der Zahl 19 anzeigt, stößt unseren Schüler sogar mit der Nase drauf – deutlicher geht's ja gar nicht! Ist so etwas nicht ein Armutszeugnis für unsere pädagogische Zunft? Ich finde schon.

Wenn wir im Gegensatz dazu einen »Zahlenchunk« nehmen und an den darin bereits enthaltenen mathematischen Beziehungen arbeiten, dann ist das einerseits sehr ökonomisch, denn ein einziger Chunk gibt 4 verschiedene Rechnungen her und andererseits auch noch mathematisch sinnvoll, weil es nicht um Reproduzieren, sondern um Verständnis geht.

In vielen Rechenbüchern werden hingegen für Tausch- und Umkehraufgaben »Tricks« angeboten. Das verlockt zum rein mechanischen Abspulen einer Rechnung, die ohne tieferes Verständnis hingeschrieben wird. Die Arbeit mit Zahlenchunks und das Einführen der Subtraktion über das Mischen und Ent-Mischen von Farben (s. S. 46 ff.) machen hingegen Zusammenhänge deutlich und nur mit dem Verstehen dieser Zusammenhänge sind Tausch- und Umkehraufgaben sinnvoll.

Es geht also um Struktur und Zusammenhänge. Die Herangehensweise, für die ich werbe, ist nicht nur im Anfangsunterricht sinnvoll. Vor 15 Jahren übernahm ich eine dritte Klasse als Klassenlehrerin, die die ersten beiden Jahre von einer begeisterten, tüchtigen und pädagogisch engagierten jungen Kollegin unterrichtet worden war. Diese junge Lehrerin hatte sich – und wer könnte es ihr verdenken? – in ihrem Rechenunterricht von einem »bewährten« und gängigen Lehrwerk samt dazugehörigem Lehrerhandbuch didaktisch an die Hand nehmen lassen und brav und gewissenhaft so unterrichtet, wie es dort konzipiert war. Mir ist es wichtig zu betonen, dass es sich hier um eine gute Lehrerin handelte, die fleißig war und keine Mühe scheute, denn nichts liegt mir ferner, als jene Kolleginnen zu diffamieren, die wirklich tagtäglich ihr Bestes tun.

Und dennoch: In dieser Klasse gab es eine Reihe von Kindern, die keine Ahnung hatten, was denn da mathematisch ablief, wenn sie rechneten. Alleine sechs dieser armen Schäflein konnten sich das Mysterium der Stellenwerte nicht erklären und auch andere mathematische Geheimnisse blieben vielen verschlossen. Unter anderem waren auch die Verfahren für das Finden von Tausch- und Umkehraufgaben zwar mechanisch gut eingeübt, wurden aber von einem beachtlichen Teil der Kinder bar jedes Verständnisses angewandt.

In dieser Klasse nun holte ich nach, was eigentlich am besten in der ersten Klasse Platz gehabt hätte: Das Transparentmachen der Beziehungen in einem Zahlenchunk.

Wenn ich erkläre, wie dieses Transparentmachen gelingen kann, so habe ich dabei als optimale Zielgruppe zwar die Rechenanfänger der ersten Klasse im Auge, kann aber das gleiche Vorgehen auch besten Gewissens für ältere Schüler empfehlen.

Zurück also zu unserem Zahlenchunk 9–6–3, in dem, wie in allen anderen Zahlenchunks auch, zwei Additionen und zwei Subtraktionen enthalten sind.

Wir müssen uns zwei Dinge vor Augen halten: Konkretes Tun erleichtert den Weg in die Abstraktion, denn es aktiviert unsere Zahlenvorstellung im Scheitellappen. Dieses Tun darf allerdings nicht irgendetwas Beliebiges sein, damit »halt auch was« getan wird, sondern es muss strukturell zu dem passen, was wir vermitteln wollen.

Wo in unserer Alltagswelt haben wir nun etwas, das genau diesen Zusammenhang verdeutlicht: zwei Dinge ergeben ein neues drittes, das wieder zurückverwandelt werden kann in seine Bestandteile, mathematisch ausgedrückt: $x + y = z$ und $z - x = y$ oder $z - y = x$?

Ich setze als übertragbares und damit abstraktes – aber irgendwie doch auch konkretes – Modell dafür das Mischen von Farben ein, dessen Idee bisher allen Kindern, mit denen ich gearbeitet habe – und im Lauf der letzten 25 Jahre waren das einige – intuitiv und wirklich auf Anhieb »einleuchtete«. Ich nehme dafür die Farben rot, gelb und orange, deren Mischungsgesetz – aus welchen Gründen auch immer – allen Kindern bereits a priori verfügbar ist: aus rot und gelb wird orange. Konkret wird das auch mit Fingerfarben wirklich exerziert (Buchner 2012a, S. 132–137). Und nun kommt der gedankliche Extrakt dieses Experiments: Ich »schütte« zwei Farben, rot und gelb, zusammen. Eine dritte Farbe entsteht: orange. Querverbindung zur Addition: Das ist wie beim Zusammenschütten von zwei kleinen Perlenschüsseln in eine große.

Darauf folgt die spannende Frage, die bei mir bisher alle, wirklich alle Kinder beantworten konnten: Was wäre denn, wenn ich jetzt die gemischten Farben wieder »ent-mischen« würde und ich würde aus dem Orange das Rot herausziehen? Was bliebe denn dann zurück? Die Antwort liegt auf der Hand: Natürlich das Gelb.

Und damit sind wir bei der mathematischen Struktur unserer Chunks: Welche der Zahlen im Chunk 9–6–3 wäre denn die orange Zahl? Natürlich die »zusammengeschüttete« Zahl 9. Und welche der beiden Ästezahlen wäre rot, welche gelb? Richtig, das ist egal für das Zustandekommen der orangefarbenen Zahl. Wir haben hier implizit gleich das Kommutativgesetz eingeschleust: Die beiden Summanden dürfen vertauscht werden, wer rot und wer gelb ist, spielt keine Rolle.

Wenn wir nun aus der orangen Zahl 9 die rote 6 herausziehen, was bleibt übrig? Die gelbe 3!

Das kann durch lustvolles Handeln verdeutlicht und verinnerlicht werden, indem einige der zahlreichen Ästeaufgaben, die wir bereits auf Rechenblättern oder im Heft stehen haben, wieder vorgenommen und nun entsprechend unserer Erfahrung mit dem Farbenmischen eingefärbt werden. Was passiert auf diese Weise – unaufgeregt, ohne großes Erklären, aber eindringlich und überzeugend? Die Kinder verinnerlichen einen weiteren Aspekt der mathematischen Struktur, die in den Ästeaufgaben enthalten ist.

Die Notation in Gleichungsform ist dann nur noch ein äußeres Anhängsel dessen, was bereits gedanklich verinnerlicht wurde und kann durch ein Bild noch einmal verdeutlicht werden:

Das Herausziehen einer der beiden Grundfarben aus der Mischfarbe lässt sich gut als eine Vorform des Minus-Striches darstellen (Buchner 2012a, S. 137):

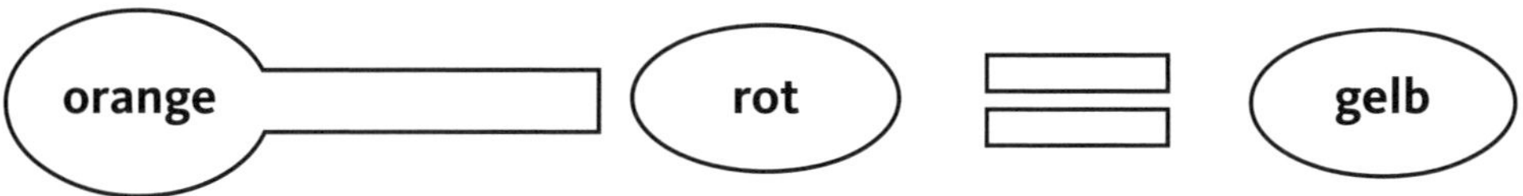

Es gibt auch farbige Plastikhüllen in den Farben rot und gelb, wobei das Rot eher wie ein Rosa wirkt. Wenn man aber aus diesen Hüllen jeweils ein Stück herausschneidet und diese beiden Stücke dann auf weißem Untergrund oder auch auf dem Overheadprojektor übereinanderlegt, wird der Mischeffekt dennoch deutlich und es kann mit diesem Medium auch der Vorgang des Ent-Mischens gezeigt werden.

Vor diesem Verständnishintergrund des Farbenmischens in Beziehung zu den Zahlenchunks gibt es nun wieder verschiedene Möglichkeiten, um durch wiederholtes Tun die mathematische Struktur wirklich »bombenfest« zu verankern:

- alte Ästeaufgaben einfärben (rote, gelbe und orange Zahl)
- Selbermischen der Farbe Orange, anmalen von Blanko-Bierdeckeln in den drei Farben
- Herstellen von Zahlenchunks, indem jeweils drei Bierdeckel (ein roter, ein gelber, ein oranger) mit Edding passend beschriftet werden, z. B. roter Bierdeckel 5, gelber Bierdeckel 3, oranger Bierdeckel 8, ergibt den Zahlenchunk 8 – 5 – 3 .
- zu eingefärbten Ästeaufgaben jeweils vier Rechnungen finden: zwei Additionen und zwei Subtraktionen

Mit meiner mathematisch nachholbedürftigen 3. Klasse übte ich ebenfalls dieses Farbenmischen, ließ Additionen in Zahlenchunks umformen, diese entsprechend einfärben und dann die darin enthaltenen Subtraktionen finden. Das war eine von mehreren Maßnahmen, um in dieser Klasse Verständnis anzubahnen und sie fruchtete. Nachdem das Erklärungsmodell »Farbenmischen« eingeführt worden war, wussten diese Kinder, wie Tausch- und Umkehraufgaben zusammenhängen und das war einer von vielen wichtigen Schritten, um ihnen den Weg aus dem mechanischen Abarbeiten von Aufgaben hin zum denkenden Rechnen zu ermöglichen.

Um wieviel einfacher ist es, im Anfangsrechenunterricht gleich die Weichen richtig zu stellen und die Kinder erst gar nicht auf irgendwelche unvernünftigen Abwege zu locken, nur, damit die Ergebnisse »stimmen«.

Größer, kleiner und überhaupt

Sie haben nun sicher schon eine Vorstellung davon bekommen, um wie viel komplizierter der Einsatz mathematischer Geheimzeichen ist, als das gemeinhin und unreflektiert einfach angenommen wird.

Wenn wir auch noch einmal die Parallele zwischen mathematischem und muttersprachlichem Spracherwerb bedenken, dann kann es überhaupt keine Zweifel daran geben, dass erst die konsequente, vielfach wiederholte Übung – aber immer nur in kleinen Einheiten – den Erfolg bringt, den wir uns wünschen: nämlich, dass die Sprache der Mathematik nicht ein kryptisches Gebilde bleibt, in dem die Kinder sich mühsam und unter Zuhilfenahme aller möglichen Krücken bewegen, sondern dass ausnahmslos alle wissen, wovon sie da eigentlich reden, wenn Additionen und Subtraktionen abgehandelt werden.

Vor diesem Hintergrund muss auch die Sinnhaftigkeit überprüft werden, die im sofortigen Einführen weiterer mathematischer Symbole, wie z. B. der Größer-kleiner-Zeichen, schon oder nicht vorhanden ist. Meine Meinung ist sicher leicht vorherzusagen: Ich sehe hier ganz entschieden keinen Sinn. Was ich allerdings für wichtig halte, ist das Verstehen dessen, was durch Vergleichen gemeint ist, und das kann sehr wohl im Gespräch, durch exemplarisches Handeln und vor allem auch durch das Immer-wieder-Behandeln angebahnt und gefestigt werden.

Kinder, die in die abstrakte Zahlenwelt einsteigen, müssen sich dort erst orientieren. Dabei hilft es Ihnen, wenn mathematische Sachverhalte immer wieder in konkreten Handlungen sichtbar werden. Die Versprachlichung dieser Sachverhalte trägt dazu bei, dass über das allmähliche Erkennen von Strukturen und Gesetzmäßigkeiten mit den neuerworbenen mathematischen Bausteinen immer sicherer konkret agiert und in Gedanken – also vom Konkreten abstrahiert – operiert werden kann. So ist es auch beim Durchführen von Vergleichen. Wir können uns damit bescheiden, Kinder auf das Richtig-herum-Einsetzen des Größer-kleiner-Zeichens zu trimmen oder mit echten Verständnisfragen zu arbeiten, wie z. B. nicht nur mit der Frage »Welche Zahl ist größer?«, sondern auch gleich noch mit der anschließenden Folgefrage: »Und wie groß ist der Unterschied?« Rund um Zahlenvergleiche und Unterschiede lassen sich viele wunderbare Aufwärmübungen für eine Rechenstunde gestalten, ohne dass deshalb gleich die abstrakten Zeichen für »größer« und »kleiner« eingeführt werden müssen. Welcher Schüler wird wohl eher mathematisches Verständnis besitzen? Jener, der nur zwischen die Zahlen 6 und 9 das Zeichen richtig herum einsetzen kann oder jener, der auch mit folgenden kleinen Rechengeschichten etwas anfangen kann:

- Lina hat eine Schar von Hühnern, die fleißig legen. Am Montag kann sie 9 Eier einsammeln, am Dienstag 6. Um wie viele Eier hat Lina am Dienstag weniger bekommen (oder um wie viele Eier waren es am Montag mehr)?

- Martin übt das Schreiben. Er wird immer besser. So sehen seine Übungsergebnisse aus:
  - o Montag 7 Zeilen
  - o Dienstag 6 Zeilen
  - o Mittwoch 8 Zeilen
  - o Donnerstag 4 Zeilen
  - o Freitag 9 Zeilen

  An welchem Tag hat Martin am meisten geübt, an welchem Tag am wenigsten?
- Ritter Adalbert und Ritter Boleslav haben ihre beiden Burgen genau gegenüber an einem Fluss. Sie liegen ständig im Wettstreit. Jeder will der Stärkere sein. Eines Tages schreit Adalbert über den Fluss: »Ich habe jetzt 11 Kanonen aufgestellt! Da kannst du nicht mehr mithalten!« Das ärgert Boleslav und er denkt fest nach. Wie viele Kanonen braucht er mindestens, damit er mehr als Adalbert hat?

Das Tun und das Verstehen sind wichtig und der Einsatz neuer mathematischer Geheimzeichen muss behutsam erfolgen: Nicht das gedankenlose Nachplappern soll ja unser Ziel sein, sondern das wirklich verinnerlichte Verstehen. Wenn die Bedeutung von Gleichungen mit Plus und Minus bei den Kindern – und zwar bei allen – wirklich angekommen ist, dann wurde eine tragfähige Basis für das weitere Vordringen auf das Gebiet der ersten beiden Grundrechenarten Addition und Subtraktion gelegt.

Wann im Unterricht die beiden Zeichen < und > auftauchen, ist dafür vollkommen irrelevant und sollte von Ihnen, liebe Kollegin, dann geplant werden, wenn Sie es für passend halten und nicht dann, wenn die einzige Legitimation dafür jene ist, dass es halt jetzt im Rechenbuch steht und schon gleich gar nicht lange vor Weihnachten, wie es in den mir bekannten Erstklassrechenbüchern nahegelegt wird.

Außerdem kann auch mit einer naiven Notation deutlich festgehalten werden, was als größer oder kleiner eingestuft wird, z.B. durch eine Tabelle, über deren einer Spalte eine kleine und über deren zweiter Spalte eine größere Burg (oder kleines und größeres Auto, kleiner und größerer Baum usw.) abgebildet ist.

Achtung! Grundvorstellung Nummer acht bewegt sich auf höchstem Abstraktionsniveau: Die Gleichung

Das Wesen einer Gleichung ist etwas hoch Abstraktes, genauso wie das Gleichheitszeichen, wenn wir es in seiner ganzen Bedeutung erfassen wollen. Natürlich versteht jedes Kind mühelos, was geschieht, wenn die Oma ihm fünf Euro schenkt und Tante Gerda auch nochmal fünf Euro. Das ist der naive Zugang zum mathematischen Gehalt und ich plädiere auch dafür, mit dem Konstrukt »Gleichung« zunächst einmal naiv zu hantieren: Links steht eine Rechnung und rechts steht das, was »rauskommt«. Wenn das eine ganze Weile so gehandhabt wird, dann festigt sich über das häufig wiederholte Tun der Boden für die Idee der Gleichung.

Werden aber zwei Rechenausdrücke verglichen, dann muss – ausgehend von den bisherigen Rechenerfahrungen – thematisiert werden, was das Wesen einer Gleichung und somit die Funktion des Gleichheitszeichens ist.

Naiver Zugang, passend zu einem Zahlenchunk:

9
7 2 »Wenn ich 7 blaue und 2 rote Plättchen habe, sind es 9.
$7 + 2 = 9$

Hier geht es um das Wesen der Gleichung: »Suche aus, welche Rechnung passt!«

	$4 + 3$
$7 + 2$	$6 + 4$
	$5 + 4$

Also: $7 + 2 = 5 + 4$

Für verfrüht halte ich es, bereits bei den ersten Additionen mit der Gleichungswaage zu kommen, um die abstrakte Idee der Gleichung ans Kind zu bringen. Sehr schnell geschieht hier ein vordergründiges Handeln ohne den Aufbau eines tieferen Verständnisses: Zahlenplättchen werden ohne System aufgehängt, z. B. alle auf eine Seite: »Mal schauen, was passiert« oder die Kinder machen »Wetthängen« zu zweit: »Wer hat die schwerere Seite?« Material, das nicht adäquat verwendet wird, schadet vielleicht nicht, aber es bringt keinen Erkenntniszuwachs. Und im ungünstigen Fall stiftet es Verwirrung. Die können wir jedoch gar nicht brauchen.

Auf dem Weg zur Million: Nummer neun, die Grundvorstellung des dekadischen Systems

Die Zahlenwelt ist streng geordnet

Das Darstellen der Zahlenmengen bis neun ist einfach: Es geschieht additiv: Mit jeder weiteren Zahl kommt ein Element dazu, ob das nun Autos, Blumen oder Bäume sind. Wie aber kann den Kindern zwingend begreifbar gemacht werden, dass unser Zahlensystem auf einer Notation fußt, die streng und ausnahmslos mit Bündelungen und einem Positionssystem arbeitet? Dieses Thema begegnet uns »eigentlich« im Rechenunterricht ja sehr bald, nämlich dann, wenn der Ziffernschreibkurs von eins bis neun beendet ist und auch Zahlen über zehn nun geschrieben werden können. Aber wird es deshalb auch so gründlich thematisiert, wie es seiner Großartigkeit entspricht?

Mitnichten. Bevor ich beschreibe, wie die Zehn in einigen gängigen Lehrwerken daherkommt, möchte ich noch einen kurzen Ausflug in die Geschichte machen.

Das Aufschreiben von Zahlen war ja – wie bereits beschrieben – ein Thema, das unsere Vorfahren schon sehr früh beschäftigte. Zunächst wurde das ganz einfach gelöst: Mit Strichmengen, die dann irgendwann – das stellte schon einen Fortschritt dar – in Fünfermengen gegliedert wurden, vielleicht auch durch das Querstellen des fünften Striches, wie wir es aus unseren Strichlisten kennen. Doch mit dieser Schreibweise stößt man rasch an Grenzen, wenn es um größere Mengen geht. So wurden bereits im alten Ägypten größere Anzahlen mit eigenen Zahlzeichen für eins, zehn, hundert usw. bis zur Million aufgeschrieben. Es handelte sich dabei, wie auch beim römischen Zahlensystem, um eine additive Notation, d. h., jedes Zeichen wurde so oft angeschrieben, wie der jeweilige Wert vorkam. Die Zahl 2358 setzt sich nach römischer Schreibweise also zusammen aus

- zweimal tausend: MM
- dreimal hundert: CCC
- einmal fünfzig: L
- einmal 5: V und dreimal 1: III

Das sieht dann im Ganzen so aus: MMCCCLVIII, für unsere Lesegewohnheiten ganz schön kompliziert. Römer und Ägypter mussten also für jede Größenordnung ein eigenes Zeichen erfinden. Darüber hinaus aber war durch diese Notation das Rechnen mit den solcherart aufgeschriebenen Zahlen sehr erschwert, wenn es über das bloße Addieren hinausging. (Beutelspacher 2013, S. 36 ff.).

Und dann ereignete sich das Wunderbare: Es tauchte ein dezimales Positionssystem mit der Null als Platzhalter auf, allen Erkenntnissen nach in Indien vor mehr als 1000 Jahren, wobei es für unseren Kontext keine Rolle spielt, ob das bereits ab dem 6. Jahrhundert geschah, wie die einen meinen, oder erst im 9. Jahrhundert, wie andere behaupten (Ifrah 1992, S. 486 ff.).

Was allerdings für uns von höchster Bedeutung sein sollte, ist die Einzigartigkeit dieser mathematischen Konstruktion: Wir brauchen nur neun Ziffern und die Null und können damit jede, aber auch jede Zahl schreiben, ob es nun um die bescheidene Zahlenräume unseres Alltags geht oder um die Unendlichkeit des Weltalls. Kinder sind empfänglich für diese Großartigkeit, sie lieben die Magie der unendlichen Zahlenwelt. Aber man muss ihnen erst einmal die Chance geben, diese Magie überhaupt zu sehen und zu spüren.

Die immer gleichen Rechnungen in kleinen Zahlenräumen, das beziehungslose Aneinanderreihen von Aufgaben, die gänzlich uninspirierte Darstellungsweise in den Rechenbüchern und die vielerorts vorzufindende strikt denkfreie Zone »Rechenunterricht« lassen diese Magie nicht einmal in Spuren erahnen. Lern- und Erkenntnischancen verstreichen ungenutzt und irgendwann ist das Elend dann unübersehbar auf dem Tisch und bekommt einen Namen: Dyskalkulie.

Mit dem allerersten Schritt hinein in das dezimale Positionssystem wird schmählich leichtfertig und geringschätzig umgegangen. Einige Beispiele aus gängigen Rechenbüchern will ich zur Illustration anführen. Eine Zeile der Tabelle gehört jeweils zu einem Rechenbuch.

Kurzer Einblick in die Herangehensweise an die Zahl Zehn in drei gängigen Erstklassrechenbüchern		
Anzahl an Doppelseiten, die das jeweilige Buch enthält	Erstes Auftauchen der Zahl 10 und Zahldarstellungen	Erstes Rechnen mit der 10 und das verwendete Anschauungsmittel
53	auf der 2. Doppelseite Zahlenreihe 1 bis 12 auf der 21. Doppelseite Veranschaulichung der Zahlen 11 bis 19 durch Fünferschiffchen, die entsprechend der jeweiligen Zahl gefüllt sind, also bei 13 sind 2 Fünferschiffchen voll, das dritte enthält 3 Punkte und 2 Leerstellen	auf der 14. Doppelseite verschiedene Ergänzungsaufgaben auch zur Zahl 10, Anschauungsmittel sind zwei Fünferschiffchen auf der 21. Doppelseite Gliederung der Zahlen 11 bis 19 in Einer und Zehner, die veranschaulicht wird durch ungeordnete Eiermengen, in denen jeweils 10 Eier durch eine Mengenschleife gebündelt werden; unter dem Bild eine Tabelle, in die Z und E eingetragen werden sollen, darunter eine Rechenzeile für die passende Addition, z. B. 10 + 6 = 16
61	Auf der 6. Doppelseite geordnete Mengen zum flinken Zählen bis 10 auf der 7. Doppelseite Zwanzigerfelder, auf denen geordnete und ungeordnete Zehnermengen dargestellt sind auf der 33. Doppelseite Einführen der Kardinalzahlen 10 bis 20, dargestellt durch Eierschachteln und einzelne Eier, durch Zehner-Einer-Tabellen, durch Zwanzigerfelder auf denen 10 blaue und entsprechend viele rote Punkte angeordnet sind	auf der 11. Doppelseite Veranschaulichung durch Schüttelboxen zum Zerlegen bis 10, passende Additionen sollen angeschrieben werden auf der 20. Doppelseite Rechentürme von 1 bis 10 mit Additionen bis zum Ergebnis 10 auf der 34. Doppelseite Plusaufgaben zu den Zahlen 11 bis 19: 10 + 1 = usw. auf der 35. und 36. Doppelseite Anwenden dekadischer Analogien: 1 + 3 = / 11 + 3 = auf der 42. Doppelseite Addition und Subtraktion mit Zehnerübergang und Zwanzigerfeld als Veranschaulichung
66	auf der 5. Doppelseite Zählen mit Fingerbildern bis 10 auf der 7. Doppelseite rasches Erkennen geordneter Mengen bis 10 und Vergleichen mit dem Zeichen < und > auf der 33. Doppelseite systematische Darstellungen 11 bis 20 mit Zehnerschachteln und einzelnen Plättchen auf der 34. Doppelseite Zehner-Einer-Tabellen	auf der 9. Doppelseite Additionen bis 10 mit Fingerbildern als Veranschaulichung auf der 12. Doppelseite Additionen und Tauschaufgaben bis 10 »mit Rechentrick« auf der 29. Doppelseite Umkehraufgaben bis 10 »mit Rechentrick« auf der 33. Doppelseite Zahlenzerlegungen, immer nach dem Muster: 12 = 10 + 2 usw. auf der 44. Doppelseite: Additionen mit schrittweisem Zehnerübergang auf der 45. Doppelseite: Subtraktionen mit schrittweisem Zehnerübergang

In all den Darstellungen, die ich hier beschreibe, wird die Zehn als weiteres Glied in der Zahlenreihe behandelt, indem von neun aus einfach eins weitergezählt wird. Andererseits sollen dann aber relativ unvermittelt zweistellige Zahlen in eine Stellenwerttabelle mit Zehnern und Einern eingeordnet werden. Wie soll das denn verständnisbasiert gehen, wenn die Besonderheit des Zehners gar nicht ausgiebig vorgestellt und betrachtet wurde? Und wo ist denn das Besondere an der Zehn, wenn in einem Zwanzigerfeld zehn blaue und zwei rote Rechenplättchen liegen oder wenn in einer ungeordneten Menge von Eiern oder Blumen zehn Elemente umfahren werden oder wenn eine Stange aus Steckwürfeln zur Darstellung von Acht, Neun und Zehn gleichermaßen benutzt wird?

Genau das ist einer der Pferdefüße des Schulbuchunterrichts. Da werden seitenweise alle möglichen Aufgaben angeboten, immer schön durcheinander, damit ja nicht zuviel Ordnung in die Kinderköpfe kommt, und das Wesentliche wird so ganz nebenbei und ohne großes Aufhebens irgendwie unter die bunte Mischung gerührt.

Was bis zwanzig gilt, gilt auch bis hundert, tausend und bis unendlich

So kann man mit unserem Dezimalsystem nicht umgehen und es rächt sich ja dann auch, nur leider an den falschen Zielpersonen, an den Kindern. Denn was kommt heraus, wenn hier nicht von Anfang an gedankliche Klarheit geschaffen wird? Da haben wir dann ratlose Drittklässler sitzen, die sich beim besten Willen nicht erklären können, wieso denn bei der Zahl 359 die neun am wenigsten und die drei am meisten wert ist, wo doch jeder weiß, dass 9 größer ist als 3. Oder wir plagen uns ab mit den armen verirrten Matheseelen, die nicht verstehen, warum es falsch ist, wenn sie bei der Aufgabe 75 + 32 auf das Ergebnis 89 kommen, haben sie doch brav und ordentlich die beiden inneren und die beiden äußeren Stellen zusammengezählt:

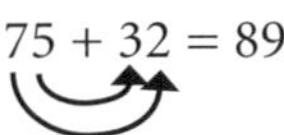

Wenn es erst einmal soweit gekommen ist, kann die Lehrerin noch so oft erklären, dass Zehner zu Zehnern und Einer zu Einern gezählt werden müssen. Wie soll man diesen Unterschied einem Kind klar machen, das eben gerade nicht den Zugang zu dem wunderbaren und geordneten Zahlenuniversum gefunden hat, sondern das sich in einem Dickicht beziehungsloser Zahlen verfangen hat, in dem es sich mit Hilfe verschiedener selbstgestrickter Erklärungen wieder irgendwie zu orientieren versucht.

Solche Szenarien können wir verhindern, das haben wir in unserem Rechenunterricht in der Hand. Dafür muss zunächst einmal uns Lehrern die zentrale Bedeutung unseres Stellenwertsystems klar sein. Wer sich darin souverän bewegt, hat auch später beim Umwandeln von Größen, von Metern in Zentimeter, Millimeter oder Kilometer, von Gramm in Kilogramm, Zentner und Pfund, von Litern in Hektoliter und Milliliter, kein Problem. Wenn uns bewusst ist, welche entscheidenden Weichen hier in der ersten und zweiten Klasse gestellt werden, dann wird es selbstverständlich sein, dass wir auf dieses Thema entsprechende didaktische Mühe verwenden müssen.

Schauen wir uns noch einmal die gängigen Veranschaulichungen für den Zehner an: Die erste Stufenzahl im dekadischen System, die Zehn, wird bildlich dargestellt durch:

- eine Zeile im Zwanzigerfeld,
- zwei Fünferschiffchen,
- einen Rechenzug,
- eine Eierschachtel,
- eine Würfelstange.

Denken wir dann einige Schritte weiter und überlegen wir, dass es nach dem Zahlenraum bis zwanzig weitergeht mit dem Zahlenraum bis hundert, danach bis tausend, schließlich bis zur Million. Halten wir uns nun auch vor Augen, dass die Genialität unseres dekadischen Systems ja gerade in seiner Abstraktheit und Übertragbarkeit besteht, das heißt: Die gleiche Regel, die für das Abpacken meiner zehn Eier, für das Auffullen meiner zwei Fünferschiffchen oder den Zehnerzug gilt, lässt sich auf jeweils größere Gebinde übertragen und fortsetzen bis in die Unendlichkeit. Erinnern wir uns weiter daran, dass wir beim Betreten von Neuland unbedingt unsere Verständniszentrum im Scheitellappen unseres Gehirns aktivieren müssen, weil wir uns nicht darauf verlassen können, dass es – wie bei den guten Rechnern – einfach von selbst an den Start geht und kramen wir das bereits in früheren Kapiteln Erfahrene wieder hervor:

- Wir müssen mathematische Inhalte mit Bewegung und echtem Handeln verknüpfen. Eine dreidimensionale Aktivität mit echten Dingen hilft allen Kindern, in ihrem Kopf innere Bilder aufzubauen und den Weg zur Abstraktion zu bahnen.
- Unser Ziel soll sein, Zahlenbeziehungen so fest zu verankern, dass alleine das Anschauen einer Rechnung auf dem zweidimensionalen Medium Papier die damit verbundenen Handlungen vorstellbar macht und damit auch die zur Handlung gehörenden Neuronen in unserem Zahlenzentrum aktiviert (Bauer 2006, S. 18–25).
- Und dann soll das mathematische Handeln natürlich nicht einfach irgendein Handeln sein, sondern muss mathematische Beziehungen so zwingend darstellen, dass am Be-Greifen kein Weg vorbeiführt.

Der Zehner darf, ausgehend von der letzten Forderung des zwingenden mathematischen Bezugs, nicht einfach irgendeine Bündelung sein, sondern er muss bereits in sich die Möglichkeit bergen, auch Hunderter, Tausender usw. systematisch darzustellen und er muss etwas Eigenes sein, eine neue Einheit.

Ein Zehnerbündel von Blumen ist einfach nur eine Menge von zehn Blumen und eine Zehner-Steckwürfelreihe ist einfach nur eine Menge von zehn Steckwürfeln. Eierschachtel und Zehnerzug wären zwar eigene Einheiten, haben aber nicht das Potenzial, zum Hunderter und Tausender weiterzuführen.

Vor diesem Problem stehend, kam ich vor über 20 Jahren auf die Idee, mit immer größeren Verpackungseinheiten zu arbeiten, in der – wie sich herausstellte, zutreffenden – Vermutung, dass Kinder, die mit den unterschiedlichen Stellenwerten von Zehnern, Hundertern und Einern nicht zurechtkämen, nur dann eine echte Chance auf Verstehen hätten, wenn der unterschiedliche Wert zweier Stellen, z. B. der Zehner und der Einer, auch sichtbar und anfassbar erlebt werden könne. Wie also kann das Unfassbare fassbar gemacht werden?

Wir dringen vor zum Kern des Pudels

Nehmen wir für die Einer Holzperlen, am besten rote und blaue, mit einer Lochung, damit sie auch aufgefädelt werden können und abgeflacht, sodass sie nicht davonrollen, sondern liegen bleiben. Diese Perlen dienen als Veranschaulichung für Mengen von eins bis neun. Weil diese Perlen alles darstellen können, ob Kühe, Autos, Häuser oder sonst etwas, ermöglichen sie es, von einem konkreten Mengenbild zu abstrahieren und den Mengenbegriff auf diese Weise übertragbar auf alles zu machen (s. S. 29 f.).

Nun aber kommt der entscheidende Schritt: Zehn ist nicht einfach nur eine Perle mehr, das ließe sich praktisch und ohne größeres Nachdenken natürlich durchführen, aber dann würden wir das mathematische Bezugssystem verlassen, denn zehn ist viel mehr als nur die auf neun folgende Zähleinheit. Mit der Zehn tun wir den ersten Schritt hinein in das dezimale Positionssystem.

Wir verwenden dafür nämlich nicht ein neues Zeichen, wie es die Ägypter und die Römer taten – nein! –, wir »recyceln« eine Ziffer, die wir bereits bestens kennen, die eins. Aber diese eins steht nun nicht mehr für eine Perle, sie steht für ein ganzes Zehnerbündel. Welch unglaubliche Lernchance wird an dieser didaktischen Nahtstelle leichtfertig vertan, wenn die 10 einfach irgendwie und nebenbei und lapidar als »eins mehr als neun« daherkommt und die Lehrerin nur kraft Autorität behauptet, das sei jetzt etwas anderes als Einer und heiße Zehner. Das ist ein Scharren an der mathematischen Oberfläche, aber echtes und tiefes Be-Greifen vermittelt so eine »Erklärung« nicht. Da kann dann schon in den Rechenbüchern stehen:

Wir rechnen in Schritten: $8 + 7 = 8 + 2 + 5 = 15$

Glücklich sind die Kinder, die von selbst und trotz des Unterrichts darauf kommen, dass hier etwas Ungeheures geschieht, ein Schritt hinaus in die mathematische Unendlichkeit, in eine neue Dimension. So war das für die Menschen vor mehr als tausend Jahren und genauso wunderbar ist es für unsere Kinder, die ja diese Entdeckungsreise unserer Vorfahren in den Klassenzimmern nachvollziehen. Also kehren wir gedanklich dorthin zurück. Wir waren bei den Perlen von eins bis neun.

Und was ist das durchgängige und auf jede beliebige Größe übertragbare Gesetz unseres Dezimalsystems?

> »Es gibt nie mehr als 9 Einzelne. Immer beim zehnten Stück (Element) kommt eine neue Verpackungseinheit in Spiel.«

Die Verpackungseinheiten, die ich seit über 20 Jahren erfolgreich benutze, und damit seither auch jedem einzelnen meiner Schüler – und zwar ausnahmslos jedem! – unser dezimales Positionssystem be-greifbar machen konnte, stelle ich im Überblick vor:

Einzelne Perlen
von 1 bis 9

10 Perlen sind ein Zehnersack
Dieser Zehnersack ist ein kleiner durchsichtiger Gefrierbeutel, verschlossen mit einer kleinen Klammer, wie es sie für Klammerkarten gibt.

10 Säckchen sind in einer 100er-Schachtel
Das kann eine Schuhschachtel sein. Die 10 Zehnersäckchen sind echt und nachzählbar in der Schachtel enthalten.

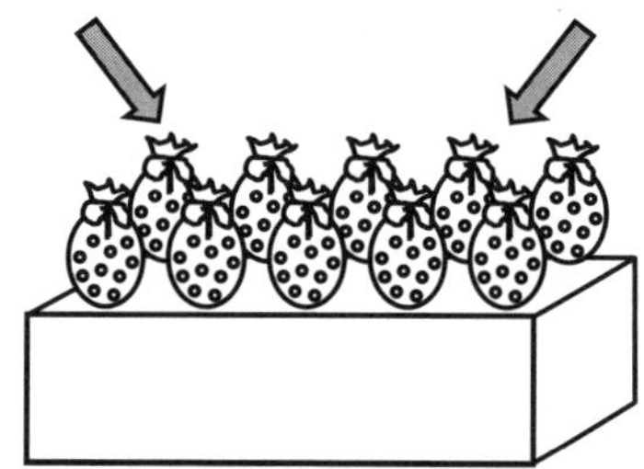

In der dritten Klasse benutze ich dann zum Be-Greifbarmachen der Tausenderstelle noch einen Umzugskarton, in den 10 Hunderterschachteln hineingepackt werden. Das anschauliche und überzeugende Prinzip der immer größer werdenden Verpackungseinheiten ist sicher bereits durch die Zehner- und Hunderterillustration deutlich geworden.

Wenn nun eine Zahl wie z. B. 359 dargestellt wird, dann ist es für jedes, aber auch wirklich jedes Kind intuitiv und ohne große Erklärung einsehbar, dass die Drei an der ersten Stelle dieser Zahl einfach größer sein muss als die Neun auf der letzten Stelle.

Weil es zunächst einmal auf das Begreifen dieser Positionsschreibweise ankommt, erlaube ich mir auch, dafür mit eigenen Begriffen zu arbeiten, die nicht die herkömmlichen Hunderter, Zehner und Einer dauerhaft ersetzen sollen, die aber äußerst brauchbar sind als Übergangsbenennungen, in denen die Handlung noch als Vorstellung aufscheint. Jeder Fitnesstrainer weiß, dass man eine sportliche Großtat nicht aus dem Stand vollbringen kann: man tastet sich durch kleinere Trainingseinheiten an sie heran.

Der Übergang zum Stellenwertsystem ist eine kognitive Großtat: Die Inder machten sie uns vor und wir machen sie nach, aber doch bitte mit gehöriger Vorbereitung! Und diese sieht bei der Einführung des Stellenwertsystems so aus, dass wir alle didaktischen Bemühungen unternehmen, um Sinn und Wesen der Angelegenheit plausibel, nachvollziehbar und be-greifbar darzustellen. Ob nun fürs Erste die Einerstelle das Etikett »Kugelzahl« in Anlehnung an die runden Perlen (die »Kugeln«) bekommt, die Zehnerstelle das Etikett »Sackzahl« und die Hunderterstelle das Etikett »Schachtelzahl« ist doch völlig unerheblich. Diese vorstellungsverhafteten Bezeichnungen erleichtern den Übergang in die Abstraktion und das macht ihre Legitimation aus. Irgendwann einmal, meist in der zweiten Klasse, ergibt sich dann ganz von selbst, dass die »korrekten« Bezeichnungen Einer, Zehner und Hunderter verwendet werden, nun aber nicht überfallartig und einfach von oben vorgesetzt, sondern nach einer Phase des verständnisbetonten Umgangs mit diesen Größen. Das ist ein gewaltiger Unterschied, der es gerade uns Grundschullehrern wert sein muss, den Kindern Zeit zu lassen, bis sie wissen, wovon sie reden.

Die dritte Klasse übrigens, von der ich bereits erzählte, und in der das Verständnis für die unterschiedlichen Stellenwerte damals noch nicht bei allen Kindern vorhanden war, verwendete eifrig die Bezeichnungen Kugelzahl, Sackzahl, Schachtelzahl und dann auch noch Kartonzahl – wir hatten in der dritten Klasse schließlich auch noch den Tausender. Die guten Rechner fanden das einfach nur lustig und den schwachen Rechnern bot sich dadurch ein Rettungsanker, der ihnen half, im Gewirr der Stellenwerte Fuß zu fassen. In dieser dritten Klasse ernannte ich auch den besten Rechner – Niklas – zu meiner Hilfskraft beim Abfüllen von 1000 Perlen in Zehnersäckchen. Da ging es nämlich sehr genau – man sollte sich nach Möglichkeit nicht verzählen – und der absolut exakte und konzentrierte Niklas war hierfür genau der Richtige. Wer nun meint, das sei doch für einen guten Rechner viel zu simpel und der würde sich langweilen, der hat noch nie erlebt, wie Kinder im Handeln aufgehen können. Niklas jedenfalls saß eine Reihe von Mathestunden am Boden, auf einer Seite einen Sack mit Perlen, auf der anderen einen Stapel Plastiksäckchen und füllte ab. Jeweils zehn Säckchen kamen in eine Schuhschachtel, und als zehn Schachteln gefüllt und auch noch einige Reserveschachteln und -säckchen vorbereitet waren, hatte ich genügend Demonstrationsmaterial für Zahlendarstellungen und auch für das Verdeutlichen der Stellenwertüberschreitungen beim Addieren und Subtrahieren:

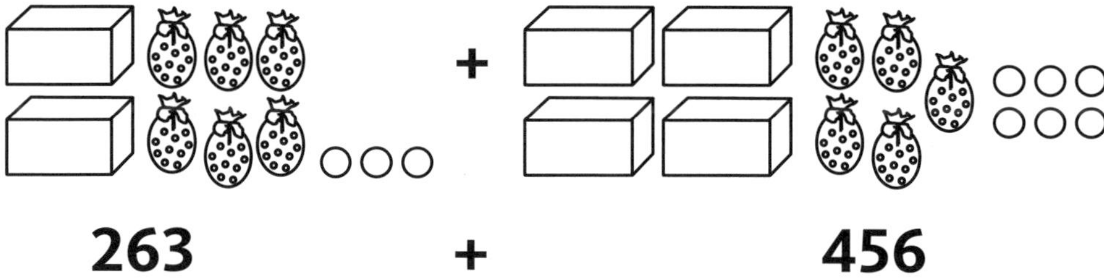

Durch diese Darstellung kann jedes Kind wirklich nachvollziehen, wie es zum neuen Hunderter kommt: Es muss eine weitere Schachtel gefüllt werden, das »Gesetz« verlangt es, denn es sagt uns: »Nie mehr als neun einzelne von einer Sorte«.

In der besagten dritten Klasse gab es nun reichlich Übungsmaterial zum handelnden Nachvollziehen von Rechnungen im Freiarbeitsregal. Aber es gab auch ganz einfache Zahlenkarten mit dreistelligen Zahlen und die Kinder konnten jeweils die passende Menge mit Schachteln, Säckchen und Kugeln legen (s. S. 57). So bekamen wirklich alle Schüler die Chance, sich mit dem Stellenwertsystem anzufreunden, vor allem jene, denen das bislang noch gänzlich versagt geblieben war. Die Wirksamkeit dieses Vorgehens bestätigte mir auch Sarahs Mama in der Sprechstunde, als sie mir sagte, nun habe Sarah zum ersten Mal eine genaue Vorstellung, was denn der Unterschied zwischen Einern, Zehnern und Hundertern sei. Dass es nicht nur effektiv, sondern durchaus auch für alle Schüler reizvoll war, mit diesem gut strukturierten Material zu rechnen, sah ich an Florian, einem der pfiffigsten Rechner in einer anderen 3. Klasse. Er holte sich wochenlang immer gleich zu Beginn der Freiarbeit einige Zahlenkarten, nie mehr als drei, und legte Zahlen. Erst dann – nach dieser Phase des »Warm-Rechnens« – ging er an andere Aufgaben. Ich interpretierte dieses »Warm-Rechnen« so, dass Florian erst einmal sein Mathezentrum auf Trab brachte, bevor er richtig loslegte.

Durch das Abfüllen von Zahlenmengen, das Legen, das Hin- und Herschieben und Umfüllen dieser Mengen beim Addieren und Subtrahieren wird ja gerade dieses wichtige »Wo-Areal« in den Scheitellappen unseres Gehirns aktiviert: wir arbeiten an der Basis des mathematischen Verstehens. Eine weitere »raum- und körperbetonte« Darstellung des Stellenwertsystems, die alle Kinder gedanklich mit auf die Mathereise nimmt, sind die »lebenden Zahlen«:

Ein Zehner- und ein Einerstuhl werden aufgestellt:

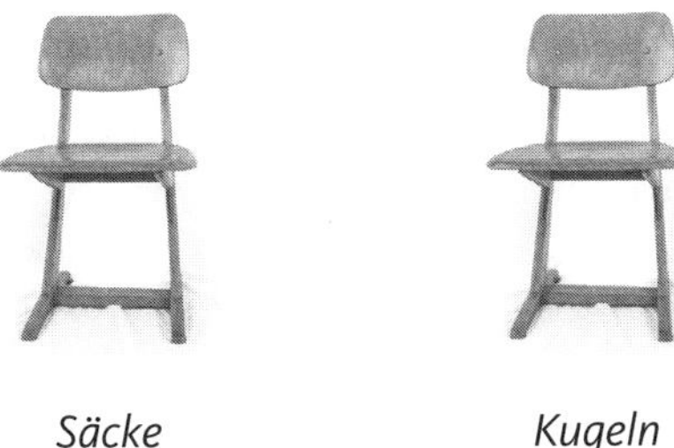

Säcke *Kugeln*

Sackzahl und Kugelzahl werden durch Lehrerin und Kinder dargestellt. Das sah dann so aus, dass ich z. B. auf dem Kugelstuhl saß, auf meinem Schoß noch drei Kinder, wir waren also vier. Auf den Säckestuhl setzte sich ein Kind, unsere ganze »Performance« stellte mithin die Zahl 14 dar.

Mit jeder neuen Zahl wurden die »Darsteller« ausgetauscht, so dass viele Kinder Gelegenheit bekamen, bei den lebenden Zahlen mitzuwirken. Diese Übung war auch bei den Drittklässlern – dann mit drei Stühlen – noch sehr beliebt und sie diente durch die Mischung aus Bewegung, Mitdenken, Propriozeption, visuellem Input und Spaß – den sowohl Akteure als auch Zuschauer hatten – als hervorragender Anker für das Verinnerlichen der Positionsschreibweise.

Die zehnte und letzte unserer tragenden Grundvorstellungen für den Anfangsunterricht: Die Bedeutung der Null

Ohne Null wäre allerdings unsere Positionsschreibweise mit verschiedenen Stellenwerten nicht möglich. Die großartige Erfindung, eine eigene Ziffer Null als Platzhalter für eine nicht besetzte Position in unserem Stellenwertsystem zu benutzen, war der entscheidende Schritt zum Rechnen, wie wir es kennen. In der ersten Klasse bildet das Verstehen dieser Platzhalterfunktion eine entscheidende Erkenntnis, die sehr gut verankert werden kann durch die Darstellung mit Kugeln und Säckchen. Vier Säckchen und keine Kugeln: da ist es selbstverständlich, dass man dort, wo die Kugelzahl steht, eine Null hinschreiben muss, das Zeichen für »nichts«, denn dort gibt es ja nichts. Auch die lebenden Zahlen helfen mit, die Bedeutung der Null (da bleibt ein Stuhl leer) zu verinnerlichen. So bildet und festigt sich diese wesentliche Grundvorstellung im Tun eigentlich von selbst und nebenbei.

Wir haben festen Boden unter den Füßen

Wenn Sie mit Ihren Schülern langsam, allmählich und mit gründlichem und abwechslungsreichem Tun die bisher beschriebenen Bausteine gesetzt haben, dann steht das mathematische Denkgebäude nicht mehr im Treibsand oder auf Morast, sondern auf einem stabilen Fundament. Eine Reihe von tragenden Grundvorstellungen wurde geschaffen und sie sind die Voraussetzung dafür, dass eben nicht nur irgendwelche Ergebnisse gefunden werden, sondern dass wir uns mit wesentlichen Fragen – oder zumindest mit Teilaspekten davon – auseinandersetzen können: Was passiert eigentlich beim (Plus/Minus-, später auch noch Mal/Geteilt-)Rechnen? Und was kann alles beim Rechnen passieren? Welche Möglichkeiten gibt es, wenn ich ein konkretes Sachproblem lösen soll, und wie erkenne ich, welche Möglichkeit die richtige ist?

Über diese Fragen kann nur jemand nachdenken, der beim Rechnen wirklich weiß, was er tut. Dass Kinder nicht gleich in den ersten Wochen der ersten Klasse mit mathematischen Geheimzeichen bombardiert werden sollen, ist bereits klar geworden und auch, wie wichtig es ist, die Beziehungen innerhalb eines Dreier-Chunks von Zahlen zu verstehen oder die Operationen Plus und Minus und das Wesen des dekadischen Systems wirklich zu be-greifen. Diese mathematischen Grundvorstellungen sind unverzichtbar, wenn Kinder wirkliche Sicherheit erlangen sollen. Sie können aber nicht vermittelt werden durch eine Schulstunde nach dem Motto: »So, Kinder, heute lernen wir die Grundvorstellung des Addierens kennen!« Gerade in Mathematik liegen wir mit der Vorstellung abgeschlossener Stunden mit Motivationsphase, Erarbeitung und Zusammenfassung dann meilenweit daneben, wenn wir glauben, wir hätten damit ein Thema behandelt. Dass wir auch Rechenstunden planen und uns für sie einen gewissen Ablauf vornehmen, ist etwas ganz anderes. Doch uns muss bewusst sein, wie wichtig die langfristigen Denkprozesse in diesem Fach sind. Genau so wenig, wie kleine Kinder ihre Muttersprache durch Erklären und »Durchnehmen« einzelner Sprachlektionen lernen, genau so wenig erobern Kinder das mathematische Terrain durch das Abhaken von Themen. Nun schauen Sie aber einmal in die gängigen Rechenbücher. Da wird von Anfang an wild herumgeworfen mit abstrakten Zahlen und mathematischen Geheimzeichen. Die Kernthemen werden gar nicht oder nur oberflächlich angesprochen und dann wird sehr schnell alles in einem Durcheinander angeboten, das es vielen Kindern erschwert, erst einmal Ordnung in den Kopf zu bekommen. Rechnen ist aber das Fach der Ordnung. Das ist ein mathematischer Slogan, den ich sehr häufig einsetze und der von allen Kindern verstanden wird. Das beginnt mit der Ordnung auf dem Platz und im Heft und endet – wenn alles gut geht – mit Ordnung im Kopf. Dazu gehört aber auch ein Rechenlehrgang, der Strukturen langsam und gründlich aufbaut. Wenn diese Strukturen da sind, dann kann man ja wunderbar alle möglichen Aufgabenformen und Denkanreize in bunter Mischung anbieten, aber zuerst muss einmal eine Grundlage geschaffen werden. Doch wie soll das möglich sein, wenn, wie wir gesehen haben, in einem Rechenbuch bereits im ersten Drittel des Schuljahres so viele verschiedene Themen (s. S. 21) wild durcheinander schwirren?

Und weil sich das ganze Gewusel von Aufgabenstellungen, Begriffen und Themen nur im Zahlenraum bis zehn abspielt, fehlt – bei aller Verwirrung, die das einerseits stiftet – andererseits jeglicher echte Denk- und Forscheranreiz. Auch die bemüht motivierten Verbrämungen mit Bildern und »Entdeckeraufgaben« bringen keine lustvolle Spannung.

Sehen wir uns noch einmal im Überblick an, welche Bausteine unseres mathematischen Gebäudes bisher vorgestellt wurden:

Addieren	**Subtrahieren**	Tausch- und Umkehraufgaben
Ordnungszahlen	Kardinalzahlen	Zahlen zerlegen, verdoppeln, halbieren Zahlenchunks
Dekadisches System	Wesen der Null	**Gleichheitszeichen**

Auf die Grundvorstellungen in den grauen Bausteinen sollte ein besonderes Augenmerk gerichtet werden. Für ihre Verankerung ist es hilfreich, sie immer wieder einmal zu versprachlichen, nur kurz, z. B. zu Beginn einer Stunde: »Wer kann mir sagen, was beim Plusrechnen (Minusrechnen) gemacht wird?« »Wer weiß noch, was das Istgleich-Zeichen bedeutet?«

Fallstricke und Tücken, die bisher bereits vermieden werden konnten

Kinder verstehen in unserem Unterricht nicht das, was wir Lehrer durchnehmen, sondern nur das, was sie selbst gedanklich ergreifen, was sie verinnerlichen und in Beziehung zu anderen Inhalten setzen können. Deshalb müssen wir uns immer wieder bewusst machen, dass es kognitive Fallstricke gibt, über die wir ganz leicht stolpern, die unser ganzes Bemühen sogar zu Fall bringen können, wenn wir nicht immer wieder kritisch reflektieren, warum wir etwas gerade so und nicht anders machen und wenn wir nicht überprüfen, was letztendlich bei unseren Schülern angekommen ist. Wenn es mir gelungen ist, Sie bei den bisher behandelten Punkten zu einem Neu-Denken Ihrer mathematischen Unterrichtspraxis zu verleiten, dann haben Sie beste Aussichten, über einige »bewährte« didaktische Fallstricke nicht zu stolpern.

- Sie werden sich nicht täuschen lassen durch das fehlerlose Aufsagen einer Zahlenreihe, denn Ihnen ist bewusst, dass echtes Zählen etwas anderes als bloßes Memorieren ist. Und weil Sie auch wissen, wie echtes Zählen aussieht, werden Sie das im Unterricht in den verschiedensten Spielarten immer wieder praktizieren und dadurch wirkliches Verständnis anbahnen.
- Sie werden sich nicht mit dem bloßen Reproduzieren von Ergebnissen zufriedengeben, denn Sie wissen, dass es kein Kunststück ist, sich Gleichungen zu merken und passende Ergebnisse hinzuschreiben.
- Sie werden nicht vorschnell mit den mathematischen Symbolen Plus, Minus und Ist-gleich arbeiten, denn Sie wissen, dass die Gefahr eines rein mechanischen Einsatzes dieser Zeichen und der dazugehörigen Verfahren groß ist, wenn Kinder die entsprechenden mathematischen Strukturen nicht wirklich be-griffen haben.

Kurz: Sie werden nicht in der denkfreien Zone des gewöhnlichen Schulbuchunterrichts agieren und das wird Ihnen und Ihren Schülern viele Vorteile bringen.

Von Saulus, Onkel Franz, Karnickelköpfen und denkendem Rechnen

Exkurs

Viele Menschen machen die Erfahrung, dass ein einziges Erlebnis genügt, um Dinge plötzlich mit ganz anderen Augen zu sehen, Einstellungen zu ändern und sozusagen ab hier und jetzt ein »neues Leben« anzufangen.

Wir kennen aus dem Religionsunterricht die Geschichte des Apostels Paulus, der als Saulus zunächst die Christen verfolgte und durch eine überirdische Lichterscheinung bei Damaskus zum Christen wurde. So dramatisch und bedeutend muss es nicht immer zugehen, um in unserem Kopf einen Schalter umzulegen. Eine amüsante Begebenheit aus der Familiengeschichte meines Mannes spielt in einem ganz anderen Zusammenhang: Da lebten in der Zwischenkriegszeit des vorigen Jahrhunderts der Großvater meines Mannes und einige seiner elf Geschwister in Berlin. Sonntags kam man in einer Gartenlaube zusammen, kochte und aß gemeinsam und pflegte die familiären Beziehungen. Oft gab es bei diesen Treffen Hasenbraten, für den eines der eigenen Kaninchen geschlachtet wurde. Nun war bekannt, dass Onkel Franz, ein Schwager der Geschwister, besonders gutmütig war und wenig Ansprüche stellte. So bürgerte es sich ein, dass er vom sonntäglichen Braten immer das geringste Stück bekam, den Karnickelkopf. Onkel Franz war so harmlos und gutartig, dass ihm das lange Zeit gar nicht auffiel und er genügsam aus seinem Karnickelkopf das Beste machte, bis einer seiner Neffen beim Essen einmal in aller Unschuld fragte: » Warum bekommt eigentlich Onkel Franz immer nur den Karnickelkopf?« Diese harmlos vorgebrachte Frage führte dazu, dass den Onkel Franz wirklich mit einem Schlag der Blitz der Erkenntnis streifte. Er erkannte, dass man ihn bisher schmählich benachteiligt hatte und es geschah das für seine Familie wahrhaft Unerhörte: Dieses Muster an Gutartigkeit und Verträglichkeit bekam einen regelrechten Tobsuchtsanfall, warf den Karnickelkopf aus dem Fenster der Laube und forderte – und bekam auch! – von da an ein ordentliches Bratenstück.

Wenn wir diesen Bezugsrahmen auf unsere mathematische Alltagspraxis übertragen, dann wären die Karnickelköpfe all die mechanischen, mühsamen, lustlosen und schwer oder gar nicht verständlichen Lektionen, die in vielen Rechenbüchern zu finden sind, und die doch eigentlich niemand bewusst will.

Dabei kann es den Lehrern nicht zum Vorwurf gemacht werden, wenn Rechenunterricht über die Köpfe der Kinder hinweggeht und gerade diejenigen Schüler, die dringend Hilfe bräuchten, auf der Strecke bleiben. Oder vielleicht besser und mit einer Einschränkung versehen müsste es heißen: den Lehrern, die bisher noch nicht mit Gedanken konfrontiert wurden, die das herkömmliche Schulbuchrechnen in Frage stellen.

Auch ich begnügte mich lange Zeit mit den »mathematischen Karnickelköpfen«, bis ich auf die Idee kam, bessere Bratenstücke zu verlangen.

Ich möchte erzählen, wie meine »mathematische Bekehrung« angestoßen wurde, denn diesem Anstoß verdanke ich, dass es mir damals wie Schuppen von den Augen fiel und ich nicht nur erkannte, was ich in meinem Rechenunterricht in Zukunft anstreben musste, sondern auch die Bestätigung dessen erhielt, was mir ohnehin schon – wenn auch vielleicht eher unter der Bewusstheitsschwelle – mehr oder weniger schwante: Mein Rechenunterricht war unzulänglich. Eigentlich war er – ich sagte es anfangs bereits – grottenschlecht und meine Schüler bekamen ganz entschieden das nicht, was ich heute als Minimalforderung ansehe: Die Chance, einen erfolgreichen Einstieg in die faszinierende Zahlenwelt unseres dekadischen Systems zu finden. Doch war mir deshalb in damaliger Zeit ein Vorwurf zu machen? Ich meine: Nein, denn ich machte ja nichts anderes als das, was in Rechenbuch und Lehrerhandbuch empfohlen wurde und es gab ja auch Kinder, die – trotzdem – das Rechnen lernten.

Im Jahr 1992 erschien das Handbuch produktiver Rechenübungen (Wittmann/Müller), in meinen Augen immer noch das beste theoretische Werk über elementares Rechnen, das je erschienen ist, einschließlich der vielen Fachbücher über Dyskalkulie. Die beiden Autoren, Professoren der Mathematikdidaktik, stellten darin viele kluge und überzeugende Überlegungen an, die mich begeisterten. Der Schlüsselsatz, der bei mir einen didaktischen Schalter umlegte und dazu führte, dass ich – aufgerüttelt und wild entschlossen – meine »mathematischen Karnickelköpfe« aus dem Fenster warf, war – bezogen auf den herkömmlichen Schulbuchunterricht – dieser: »Denken und Rechnen werden entkoppelt.« (Wittmann/Müller 1992, S. 156) Es ging dann noch weiter: »Bereits leichte Änderungen von Formulierungen, Schreibweisen, Aufgabenstellungen usw. können den Schüler völlig verwirren.« Diese Aussagen konnte ich nur bedingungslos bestätigen. Sie trafen mitten in den Nerv meines Unbehagens und meiner Unlust im Zusammenhang mit meiner eigenen mathematikdidaktischen Arbeit.

Da wurde mir nun ein Weg aufgezeigt: Ich musste meinen Unterricht so gestalten, dass Denken nicht durch sinnlose mechanische kleinschrittige und beziehungslose Aufgaben geradezu verhindert wurde. Ich machte mich also sofort und ohne Zögern auf diesen Weg, ließ mich zunächst noch in meinem didaktischen Handeln völlig von diesem wunderbaren Handbuch leiten und begann dann, ermutigt durch erste und deutliche Erfolge, meinen eigenen Lehrgang zu entwickeln, den theoretischen Überlegungen des Handbuches folgend, aber in der konkreten Umsetzung angepasst an meine Schulwirklichkeit und die Fähigkeiten meiner Schüler (Buchner 2012a).

Besonders angesporrnt zu meinem radikalen Richtungswechsel wurde ich auch noch durch eine Erfahrung des Scheiterns, die ich im vorhergehenden Schuljahr hatte machen müssen: Alex, einer meiner Schüler, aufgeweckt und lernbegierig, verzweifelte am schulischen Rechnen. Während ihm Lesen und Schreiben keinerlei Probleme bereiteten, gelang es mir einfach nicht, ihm auch nur zu einem minimalen mathematischen Verständnis zu verhelfen, obwohl sowohl Alex als auch seine Mutter motiviert und arbeitswillig waren. Damals kam gerade das Thema »Dyskalkulie« auf und es wurde in einer benachbarten größeren Stadt ein »Institut zur Behandlung der Rechenschwäche« gegründet. Ich las davon in der Zeitung und empfahl in meiner Ratlosigkeit nun, sich dorthin zu wenden. Das machte die Mama ohne Zögern, Alex wurde getestet, die Diagnose: Dyskalkulie. Nun begann ein mühsamer und teurer Weg für die Familie. Alex fuhr regelmäßig zu Therapieterminen, übte täglich zu Hause und es geschah – nichts. Nach einem Jahr wurde dieser Versuch abgebrochen. Ich bekam die Übungsmappe zu sehen, in der Alex Mama sämtliche Arbeitsblätter aufbewahrt hatte: Da wurden z. B. Stiefel passend in Fächer einsortiert, natürlich nur auf dem Papier und mit gezeichneten Linien, es gab reichlich Aufgaben, bei denen immer auf zehn ergänzt werden musste, und viele, viele weitere mechanische und kleinschrittige Übungen. All das hatte aber nicht dazu führen können, dass Alex mathematische Zusammenhänge verstanden und übertragbare Bausteine erworben hätte. Gerade der Einblick in Alex Übungsmappe hatte mir allerdings auch gezeigt, dass der Weg des bloßen Abarbeitens zahlloser Übungsblätter nicht in sicheres mathematisches Gelände führen konnte. »Mehr vom Gleichen« kann nie die Lösung sein oder, wie Albert Einstein einmal gesagt haben soll, – das Zitat kursiert in verschiedenen Abwandlungen : »We can't solve problems by using the same kind of thinking we used when we created them.«

So fielen die Überlegungen der beiden Mathematikprofessoren bei mir auf fruchtbaren Boden und ich begann ein neues und wesentlich erfolgreicheres didaktisches Leben. Ausgehend von meinen eigenen Erfahrungen kann ich nur alle Kolleginnen aus vollem Herzen dazu ermuntern, die mathematischen Karnickelköpfe aus dem Fenster zu werfen und sich an den mathematischen Filetstücken gütlich zu tun: Handeln und Denken, Be-Greifen und Verstehen.

Die Bedeutung der eigenen Überzeugung

»Wenn du für nichts einstehst, wirst du auf alles hereinfallen.«

Volksweisheit

Bei mir hat die Lektüre des Wittmann/Müller-Buches dazu geführt, meine bisherige Einstellung zum Mathematikunterricht zu überdenken, zu revidieren und mir eine eigene und ganz neue Meinung zu bilden. Diese neue Meinung deckte sich nun allerdings nicht mehr mit dem, was die meisten sagten und meinten, sondern führte zu deutlichen Abweichungen von der gängigen Praxis.

Gerade in unserer Arbeit mit den Kindern ist es wichtig, dass wir uns ein eigenes Urteil bilden, dass wir die pädagogische Meinungsbildung nicht »outsourcen« und irgendwelchen Experten vom grünen Tisch überlassen. Natürlich brauchen wir für diese Urteilsbildung Grundlagen und Fachwissen, das ist eine Voraussetzung. Wir dürfen dann aber getrost auch das einsetzen, was zu Unrecht manchmal gering geschätzt wird: unsere Vernunft und unseren Hausverstand. Bleiben wir bei unseren rechenschwachen Schülern. Wenn wir hier genau hinschauen, wenn wir die Sinnhaftigkeit dessen, was wir tun, immer wieder kritisch hinterfragen, dann kommen wir gar nicht umhin, vieles einfach über Bord zu werfen, was gemeinhin als »normal« und gängig gilt. Anregungen hierfür können Sie in diesem Buch reichlich finden. Und dann kann es sein, dass wir plötzlich ganz andere Erfahrungen machen, dass wir dort Erfolge haben, wo wir früher scheiterten. Das wiederum könnte unsere Überzeugung von einem anderen mathematischen Königsweg nähren und stützen. Dieser Tage erst bekam ich Post von einem Schulleiter an der Ostsee, an dessen gesamter Grundschule, bestehend aus 12 Klassen, seit einigen Jahren nach dem von mir konzipierten Rechenlehrgang unterrichtet wird (Buchner 2012a). Begonnen hatte damit eine einzige Kollegin, deren Unterrichtserfolge so überzeugend waren, dass sich nach und nach das ganze Kollegium ihrer Matherichtung anschloss. So etwas ist ein Glücksfall und kann nicht unbedingt erwartet werden, wenn man beschließt, eigene Wege zu gehen. Andererseits – wenn wir von einer Sache wirklich überzeugt sind, können wir sie auch bei Gegenwind vertreten.

Ich weiß nicht, ob alles, was in unserer pädagogischen Branche so wenig hinterfragt verbreitet wird, auch wirklich dem entspricht, was die meisten Lehrer von innen heraus bejahen. Eher könnte ich mir vorstellen, dass gerade besonders engagierte und begeisterte Kolleginnen sich manchmal unwohl fühlen angesichts der verschiedenen Diagnosen, die wie Etiketten auf der Tiefkühlkost den Kindern aufgeklebt werden. Nehmen wir unseren »Tatbestand« der Dyskalkulie als Beispiel. Da gibt es – wie bereits erwähnt – eine beeindruckende Anzahl höchst imponierender Experten, die hier von einem gleichsam bewiesenen Faktum ausgehen, ist es doch eine nicht zu verleugnende Tatsache, dass es viele Kinder gibt, denen die Welt der Zahlen ein Rätsel bleibt. Argumentativ wird diese Auffassung auch dadurch gestützt, dass dieses »Dys«, also eine gewisse »mathematische Entwicklungsstörung« auch im ICD-10 gelistet ist und somit einen Status als »Krankheit« zugeschrieben bekommen hat, wie bereits mehrfach erwähnt.

Nun haben wir das große Glück, dass wir in einem politischen System leben, in dem es uns möglich ist, auch an höchst reputierlichen Expertenmeinungen Zweifel zu äußern und uns auch skeptisch zu fragen, was denn wohl der Grund sei, warum von mancher Seite gar so hartnäckig an dieser Krankheitszuschreibung festgehalten wird. Wir dürfen uns auch fragen, warum so wenige pädagogische und so viele medizinische und psychiatrische Stimmen zu diesem Thema zu hören sind. Es steht jedem von uns frei, hierüber nachzudenken.

Wie vernünftig kann es sein zu glauben, dass in jeder Schulklasse ein oder mehrere Kinder sitzen, die aufgrund irgendeines Defekts zur Welt der Zahlen partout keinen Zugang finden können? Und wie ernsthaft können wir weiter glauben, dass sich diese Zahl in den letzten 10, 20, 30 Jahren so drastisch erhöht hätte?

Ich kann das ganz und gar nicht glauben und ich bin sehr froh, dass ich mir für diese meine feste Überzeugung Schützenhilfe holen kann, sogar von sehr namhafter wissenschaftlicher Seite (s.S. 68 und 69). Wir Lehrer sind nämlich zwar diejenigen, die das höchste Maß an Erfahrung im Unterrichten von Kindern haben, wir sind aber gleichzeitig diejenigen, die im gesamten Zirkus der pädagogischen Wichtigkeiten ganz weit hinten kommen. Das ist nun einmal so und ich finde das ausgesprochen fahrlässig, denn hier bleibt viel Expertise ungenutzt und sehr viel Motivation wird kaputt gemacht. Aber das haben wir Lehrer nicht zu verantworten. Wir sind zuständig für das echte Lernen mit echten Kindern in echten Schulklassen.

Das kann uns zu denken geben

Stanislas Dehaene hat einiges zu berichten, was für uns von höchstem Interesse sein muss. Ich fasse zusammen:

Ausgehend von der Auffassung, dass das Gehirn Bilder und konkrete, praktische Modelle braucht, haben die amerikanischen Entwicklungspsychologen Sharon Griffin, Robbie Case und Robert Siegler einen Mathematiklehrplan für die Vorschule entworfen. Eine zentrale Rolle spielen das Verinnerlichen des Zahlenstrahls und viele Zahlenspiele mit konkreten Materialien. Man will Kindern vermitteln, dass Zahlen eine Bedeutung haben und die Welt mit Sinn erfüllen. Es werden Bezüge zwischen Zahlen und Größen hergestellt, zum Beispiel zwischen einer gewürfelten Zahl und der Länge eines Spielzugs. Dieses Vorschulprogramm wurde mit Kindern, die erwiesenermaßen wenig gefördert waren, und mit solchen aus einkommensschwachen Familien ausprobiert, die alle insgesamt 40 Sitzungen zu je 20 Minuten bekamen. Diese Kinder gehörten nach der Einschulung und auch im folgenden Schuljahr zu den Klassenbesten und übertrafen selbst gut geförderte Kinder, die eigentlich »weiter« gewesen wären. Stanislas Dehaene spricht von einer außerordentlichen Erfolgsgeschichte und resümiert:

> *»Das Gehirn gibt sich nicht mit abstrakten Symbolen zufrieden, vielmehr spielen in der Mathematik konkrete Intuition und mentale Modelle eine entscheidende Rolle [...] Tatsächlich lernen Kinder mit Freude Mathematik, wenn sie die spielerischen Aspekte vor dem abstrakten Symbolismus lernen.«*
>
> *Dehaene 1999, S. 166f.*

Dieser Bericht muss uns dann sehr zu denken geben, wenn wir uns vorstellen, wie der mathematische Anfangsunterricht für gewöhnlich abläuft. Da kommen die spielerischen Aspekte sehr kurz, eigentlich sind sie gar nicht vorhanden, und es geht gleich »beinhart« mit der abstrakten mathematischen Symbolsprache los. Wird da nicht manches verschüttet, bevor es überhaupt richtig ans Tageslicht schulischer Leistungen gelangen kann?

Gehen wir noch weiter zurück in der kindlichen Entwicklung. Die Wissenschaftlerin Karen Wynn veröffentlichte 1992 einen viel beachteten Artikel über die Fähigkeit vier bis fünf Monate alter Babys, einfache Additionen und Subtraktionen durchzuführen. Sie arbeitete mit der Aufmerksamkeitsdauer ihrer kleinen Probanden: Wenn die Versuchsleiterin hinter eine Sichtblende einen Ball legte und dann noch einmal einen, dann wurden von dem jeweiligen »Versuchsbaby« zwei Bälle erwartet. War jedoch einer der beiden Bälle heimlich durch eine Klappe entfernt worden und beim Hochheben der Blende zeigte sich nur noch ein einziger, dann reagierten die Babys erstaunt und fixierten die Szene deutlich länger. Genauso war es, wenn ein Ball zu viel dalag, wenn also zuerst zwei Bälle hinter die Blende gelegt wurden, von denen die Versuchsleiterin dann für das Kind sichtbar einen wieder entfernte und beim Heben der Blende dennoch zwei Bälle auftauchten. Diese Versuchsanordnung wurde auf verschiedenste Weise abgewandelt. Ich habe sie hier nur sehr verkürzt dargestellt.

Für uns ist das Ergebnis interessant: Kleine Kinder haben von Natur aus einen Sinn für Zahlen. (Dehaene 1999, S. 66–70). Auch das muss uns zu denken geben. Wohin ist dieser Sinn für Zahlen verschwunden bei den armen Kindern, denen die »Krankheit« Dyskalkulie attestiert wird?

Resümee

Noch einmal möchte ich es sagen: Ich kann nicht glauben, dass es bei so vielen Kindern unmöglich ist, ihnen im Rahmen des schulischen Unterrichts einen Zugang zur Welt der Zahlen zu eröffnen. Meine Legitimation für diesen Unglauben beziehe ich aus vielen hundert Unterrichtsstunden und aus der Erfahrung mit einigen hundert Kindern. Deshalb halte ich es mit Stanislas Dehaene, dessen Worte diesen Abschnitt beschließen sollen:

»Nach Untersuchungen, die David Geary und seine Kollegen von der Universität von Missouri-Columbia durchführten, zeigen etwa sechs Prozent aller Kinder im Schulalter in Rechenarbeiten so katastrophale Leistungen, daß sie in diesem Bereich mit geistig Behinderten vergleichbar sind.
Ich kann nicht glauben, daß so viele Kinder von einer echten neurologischen Behinderung betroffen sind [...] Es kommt mir wahrscheinlicher vor, daß viele dieser mathematisch behinderten Kinder eigentlich normal begabte Kinder sind, die aber in der Mathematik keinen guten Start hatten. Ihre ersten Erfahrungen in der Schule überzeugten sie bedauerlicherweise davon, daß das Rechnen reine Schulsache ist, ohne praktisches Ziel und ohne offensichtlichen Sinn. Sie waren schon bald davon überzeugt, daß ihnen Mathe nicht liegt. Die Schwierigkeiten, die das Rechnen jedem normal entwickelten Gehirn bereitet, wurden bei ihnen durch emotionale Komponenten verstärkt, nämlich durch eine immer größer werdende Angst vor der Mathematik.

Wir können diese Schwierigkeiten bekämpfen, indem wir mathematisches Wissen in den Gehirnen unserer Kinder auf konkrete Situationen und nicht auf abstrakte Begriffe gründen.«

Dehaene 1999, S. 164f., Hervorhebung von der Autorin

Mathematische Wegmarken, viel wichtiger als das bloße Erzielen von Ergebnissen

Mit dem Aufbau von Vorstellungen geht das mathematische Tun einher

Es liegt auf der Hand und wurde schon mehrfach angesprochen: Nicht das Hinschreiben einer »Lösung« am Ende einer Gleichung gibt uns die Gewissheit, dass ein Kind verstanden hat, was es da tut. Die Sache ist viel komplizierter, aber auch spannender und bietet sowohl den Schülern als auch den Lehrern die Möglichkeit zu lustvollen Entdeckungen.

Ordnung, Struktur und Orientierung brauchen wir für die Arbeit in unserem Zahlensystem. Wer ohne diese Grundlagen bleibt, der irrt hilflos zwischen den Zahlen und ihren Verknüpfungsmöglichkeiten umher. Jede einzelne Aufgabe muss mühsam und »irgendwie« wieder neu zusammengebastelt werden, denn die Gemeinsamkeiten, die gesetzmäßig immer wieder auftreten, erschließen sich diesen armen Kindern nicht und »dunkel war der Rede Sinn« (Friedrich Schiller o. J.).

Kinder, die ein solides Fundament mathematischer Grundvorstellungen im Rücken haben, laufen keine Gefahr, sich zu verirren. Mit dem »Gewusst wie, warum und wo« im Gepäck geht es nun auf in die mathematische Wildbahn. Genauso, wie allerdings auch die beste Landkarte und der schärfste Orientierungssinn alleine noch nicht genügen, um uns beim Wandern auf einen Berg zu bringen, so ist es auch beim Rechnen: zur Orientierung und zum Wissen um das, was wir tun, kommt nun die mathematische Fitness. Kinder müssen in der Lage sein, unterschiedliche Verfahren flott, sicher und geläufig anzuwenden. Einige dieser Grundverfahren werden fast nebenbei erworben, andere bedürfen gezielter Übung.

Wie bei einem Volkslauf gibt es auch hier verschiedene Stationen, die »erwandert« werden müssen: Je weiter wir vordringen, desto mehr Wegmarken haben wir passiert und desto mehr mathematische Fitness haben wir erworben.

Zählen – die erste und wichtigste Wegmarke

Mit dem Wissen um die verschiedenen Funktionen der Zahlen ist das Können eng verquickt.

Es wurde bereits klar: Vor jedem Rechnen kommt das Zählen, sowohl mit Ordnungszahlen beim bloßen Aneinanderreihen als auch mit Kardinalzahlen bei der Mengenbestimmung. Wir haben gesehen, wie fließend die Grenze zwischen diesen beiden Bereichen verläuft: Wenn wir die einzelnen Elemente einer Menge zählen, dann bringen wir diese gedanklich in eine Reihung und ordnen jedem Element einen Platz in der Zahlfolge zu. Wir verwenden also Zahlen in ihrer ordinalen Bedeutung. Ist der Zählvorgang abgeschlossen, dann stellt die letztgenannte Zahl die Anzahl der Elemente einer Menge dar, wird also in ihrer kardinalen Bedeutung verwendet.

Zweite Wegmarke: Zahlen bis zehn zerlegen

Das Wissen darum, dass man mit Zahlen auf unterschiedliche Weise agieren kann, weil jede Menge sich in Teilmengen beliebig zerlegen lässt, gehört zu den elementaren Bausteinen, den Grundvorstellungen. Um davon beim Rechnen auch wirklich profitieren zu können, müssen Kinder die Handlungen, die sich daraus ableiten, durch häufiges Tun verinnerlichen, so dass sie – beim einen Kind früher, beim anderen später, aber bei jedem Kind irgendwann einmal – jederzeit aus der Vorstellung abgerufen werden können. Damit erwerben unsere Schüler dann die für das Verwerten einer Grundvorstellung nötige Fitness, sie passieren eine wichtige Wegmarke.

Die Genialität unseres Zehnersystems macht Addieren und Subtrahieren »eigentlich« denkbar einfach: Wir wissen um das gesetzmäßige Einpacken und müssen nun nur noch schauen, wie wir all das, was wir haben, in die richtigen Päckchen sortieren: in Säckchen und Schachteln, später auch noch in Kartons.

Das Ganze soll natürlich flott gehen und das tut es dann, wenn wir die nötigen Versatzstücke griffbereit haben und nicht immer neu alles von vorne bedenken müssen.

Durch das Werfen von verschiedenen Plättchenmengen und das Notieren in Äste-Diagrammen und Tabellen speichern die Kinder die Zahlzerlegungen bis zehn. In der Aufwärmphase der Rechenstunde kann, wenn das bereits geraume Zeit geübt wurde, immer wieder einmal eine unvollständige Ästeaufgabe an der Tafel stehen. Wer weiß, was an den zweiten Ast gehört? Da die Kinder ja über das häufig wiederholte Handeln den dazugehörigen Vorgang gedanklich abrufen können, und in ihrem Gehirn auch durch diese Vorstellung die entsprechenden Neuronen aktiviert werden, ist das keine sinnlose Übung zum Auswendiglernen, die rein mechanisch abläuft, sondern ein Festigen bereits angelegter Pfade, sozusagen das Breittreten eines Trampelpfades ins Gedächtnis (Buchner 2002, S. 113–127). Ohne flinkes Zerlegen gibt es kein verständnisbasiertes Addieren und Subtrahieren mit Stellenwertüberschreitung, sondern bestenfalls »richtige« Ergebnisse, für die unverhältnismäßig lange gebraucht wird. Warum? Weil eben nicht zerlegt, gegliedert und verstanden wird, sondern nur mühsam abgezählt.

Dritte Wegmarke: Das gezielte Auffüllen auf eine »Wunschzahl«

Das Arbeiten mit Zahlenchunks entlastet nicht nur das Gedächtnis, speichern wir doch mit einem einzigen Dreier-Chunk ganze vier Rechenaufgaben. Wir haben durch diese Chunks auch eine genaue Vorstellung davon, wie Plus- und Minusaufgaben zusammenhängen und können diese in ein Netz unseres Wissens einknüpfen, was eine weitere Sicherung des Gelernten bedeutet. Wenn nun die Funktion des Auffüllens als grundlegend bezeichnet wird, so handelt es sich dabei einerseits um das Auffüllen bis zur nächsten Stellenwertgrenze, wie wir es beim Addieren brauchen. Wenn zum Beispiel zu sieben noch weitere acht dazukommen, muss klar sein: Für ein Zehnersäckchen fehlen mir drei, wenn ich aus der sieben eine zehn mache oder zwei, wenn ich die acht auffülle. Weiter geht es: Fülle ich die sieben auf zehn auf, muss ich die acht zerlegen in drei plus einen Rest, fülle ich hingegen die acht auf zehn auf, muss ich die sieben zerlegen in zwei plus einen Rest.

Wir brauchen Fitness beim Auffüllen aber auch dann – in enger Zusammenarbeit mit jener des Zerlegens –, wenn wir mit Stellenwertüberschreitung subtrahieren. Sehen wir uns das an einem einfachen Beispiel aus dem Zwanzigerraum an: Für die Aufgabe 14 – 6 = müssen wir erst einmal die vier Einer wegnehmen.

Wenn wir die Zahl 14 mit einem Säckchen und vier Perlen legen und für die wegzunehmende Menge sechs einen Tresor aufstellen, in den diese hineinkommt, so ist der erste Schritt einfach:

Vier Perlen wandern in den Tresor. Beim zweiten Schritt muss nun überlegt werden: sechs Perlen soll ich wegnehmen, vier habe ich erst, wie viele fehlen mir noch bis sechs? Es wird also aufgefüllt von vier auf sechs.

Danach wird die zehn zerlegt: Ich brauche zwei aus dem Zehnersack und re-aktiviere nun das Bild des passenden Äste-Diagramms:

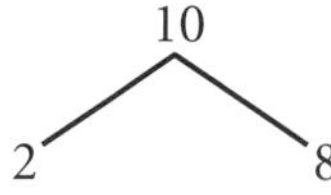

Eine ausführliche Schritt-für-Schritt-Anleitung für dieses verständnisbasierte Subtrahieren finden Sie in meinem Rechenbuch (Buchner 2012a, S. 156–170).

Bei Additionen liegt das Auffüll-Thema auf der Hand: Es muss zur nächstgrößeren Verpackungseinheit aufgefüllt werden. Wer nun wirklich verstanden hat, dass immer dann, wenn z. B. sechs Stück einer kleineren Verpackungseinheit vorhanden sind– ob sechs Perlen, sechs Säckchen oder sechs Schachteln ist gleichgültig –, weitere vier Stück dazu führen, dass die nächstgrößere Einheit abgefüllt werden muss, der hat einen Universalbaustein erworben, der seine Fitness deutlich verbessert. Und diese Bausteine liegen auf der mathematischen Lernstraße, wir müssen sie nur aufheben, das heißt: Wir müssen im Anfangsunterricht ein gezieltes Sammeln von Bausteinen anleiten. Das wiederum können wir nur, wenn uns Wert und nachhaltige Bedeutung dieser Bausteine bewusst sind, wir sie als wertvoll erkennen.

Vierte Wegmarke: Ein- und Umpacken mit Sinn und Verstand

Das Sammeln der Bausteine wird umso leichter gelingen, je mehr die Kinder verstehen, wozu es gut ist. Es lohnt sich, immer wieder Gesetzmäßigkeiten aufzuzeigen:

Ich habe sieben von einer Sorte und will die nächste Größe. Wie viele brauche ich dafür noch?

- Ich habe sieben »Kugeln«. Mir fehlen noch drei für ein Säckchen.
- Ich habe sieben Säckchen. Mir fehlen noch drei für eine Schachtel.
- Ich habe sieben Schachteln. Mir fehlen noch drei für einen Karton usw.

Wie heißen die passenden Rechnungen?

7 + 3 = 10 70 + 30= 100 700 + 300= 1000 usw.

Oder: Bei welchen Plus-Zahlen (Summanden) brauchst du einen neuen Zehnersack, wenn die erste Zahl 47 heißt?

Achtung: Das ist eine Abwandlung des ersten Problems: Es wird nicht gefragt, wie viele Einheiten mindestens nötig sind, sondern, welche Einheiten überhaupt dazu führen, dass ein weiterer Zehnersack entsteht. Da es nur um einen Zehnersack geht, stehen auch nur »Kugelzahlen«, also Einer, zur Auswahl.

Die Antwort: bei drei und allen Kugelzahlen, die größer als drei sind (s. hierzu auch Buchner 2012a, S. 206–216).

Wozu führen derartige Vernetzungen? Es wird auf einen Blick erkannt, wann es über den Zehner, Hunderter usw. geht. Das Einschätzen ist eine sehr wichtige mathematische Fähigkeit, die ohne Orientierung in unserem Zahlensystem nicht möglich ist. Das wird jeder Mathematiklehrer bestätigen, der es in der Sekundarstufe mit Schülern zu tun hat, die ihren Taschenrechnern hilflos ausgeliefert sind und dann, wenn bei 3 x 1,5 die Zahl 450 herauskommt, höchstens erstaunt sagen »Ganz schön viel!«, aber im

Traum nicht auf die Idee kommen, das könne grundfalsch und meilenweit daneben sein, wo doch 1,5 zwischen den Zahlen 1 und 2 liegt, deren Dreifaches 3 bzw. 6 ist, sodass das Dreifache von 1,5 irgendwo dazwischen liegen muss.

Fünfte Wegmarke: Dynamische Vorstellungen entwickeln

Rechnen braucht räumliche Orientierung. Da gibt es einerseits den Zahlenstrahl, der sauber und der Reihe nach alle Zahlen, geordnet nach ihrer Größe, »aufgefädelt« hat und andererseits die Strukturierung von Zahlen in der Ordnung des dekadischen Systems: je weiter eine einzelne Ziffer in einer mehrstelligen Zahl links steht, desto größer ist der Wert, den sie verkörpert. Der sinnvolle Einsatz von Material erleichtert es vielen Kindern, sich in den abstrakten Zahlendarstellungen und ihrer Ordnung zurechtzufinden.

Der Zahlenstrahl macht die Reihenfolge sichtbar. Werden dann auch noch viele und abwechslungsreiche Aktivitäten zur Arbeit am Zahlenstrahl angeboten, so hilft das den Kindern, diesen Zahlenstrahl gleichsam nach innen zu verlegen und ein inneres Bild davon zu installieren.

Genauso ist es mit mehrstelligen Zahlen: über das Handeln, das Zerlegen, Auf- und Umfüllen entstehen Bilder, die allmählich ein Eigenleben bekommen und auch ohne die dazu gehörige konkrete Handlung verfügbar sind.

Können sich Kinder nun am inneren Zahlenstrahl orientieren, so wird es ihnen leicht fallen, auf Anhieb die größere von zwei Zahlen zu erkennen oder auch mehrere Zahlen der Größe nach zu ordnen.

Auch das Auffüllen von Zahlen zur nächsten Stellenwertgrenze ist nicht schwierig, wenn die entsprechenden Bilder verinnerlicht sind. So kann eine Aufgabe wie 28 + 35 im Kopf gerechnet werden, ohne dass mühsam hochgezählt wird: zwei Säckchen und drei Säckchen werden in der Vorstellung zusammen geschoben.

Zu den acht roten Kugeln kommen erst einmal zwei blaue, das ergibt einen weiteren Zehnersack, der zu den vorhandenen fünf Säckchen kommt. Von den fünf blauen Perlen wurden für diesen neuen Zehnersack zwei weggenommen, also sind noch drei übrig.

Und schon kann durch Umgliedern, Auffüllen und Zerlegen das Ergebnis innerlich »gesehen« werden: 63.

Ob nun auf die gerade beschriebene oder eine andere Art im Kopf verschoben und gegliedert wird, spielt keine Rolle. Wichtig ist nur, dass das überhaupt möglich ist.

Wenn Ihnen die Wichtigkeit dieser mathematischen Wegmarke »dynamische Vorstellung« bewusst ist, dann können Sie zahlreiche Möglichkeiten nutzen, diese zu trainieren. Das geht schon gleich in den ersten Wochen der ersten Klasse los. Da kann auf verschiedene Arten mit versteckten Mengen operiert werden:

- Lehrerin legt auf ein grünes Tuch fünf Holzkühe, Kinder schauen sich die »Herde« gut an, die nun zugedeckt wird. Alles Weitere geschieht versteckt unter dem Tuch: zwei Kühe kommen dazu, drei Kühe gehen weg usw.
- Lehrerin bildet mit farbigen Magneten zwei Mengen an einem Seitenflügel der Tafel, z.B. links zwei rote und ein gelber Magnet und rechts ein blauer Magnet. Nun wird der Tafelflügel aufgeklappt, so dass die Kinder die Magnete nicht sehen. Die Lehrerin steht hinter dem aufgeklappten Flügel und verändert die Mengen, sie fügt z.B. links einen weiteren gelben Magneten hinzu und rechts einen roten. Wie sieht es jetzt aus?
- Links zwei dunkelgraue und zwei hellgraue, rechts ein schwarzer und ein roter Magnet. Nun könnte links ein roter Magnet weggenommen und rechts ein blauer hinzugefügt werden usw.

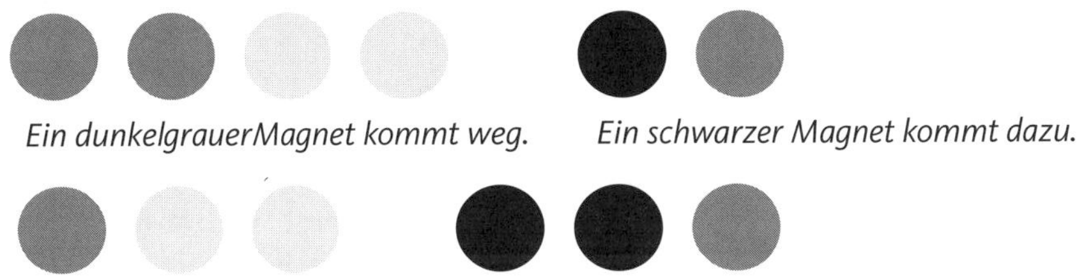

Kinder müssen die Umgliederungen in der Vorstellung mitmachen.

- Es kann auch ein quadratisches Muster aus farbigen Magneten (oder kleinen Moosgummiflecken) auf dem Tafelflügel präsentiert werden, z.B. ein Quadrat aus 3 x 3 oder 4 x 4 Magneten. Die Kinder sehen es sich an, der Startpunkt wird festgelegt, die Tafel zurück geklappt und die Lehrerin sagt an: Ich gehe einen Schritt nach oben, auf welcher Farbe bin ich? Das kann auch abgewandelt werden: Die Lehrerin gibt drei Spielzüge vor, die von allen Kindern im Kopf nachvollzogen werden und nur die »Schlussfarbe« ist gefragt.

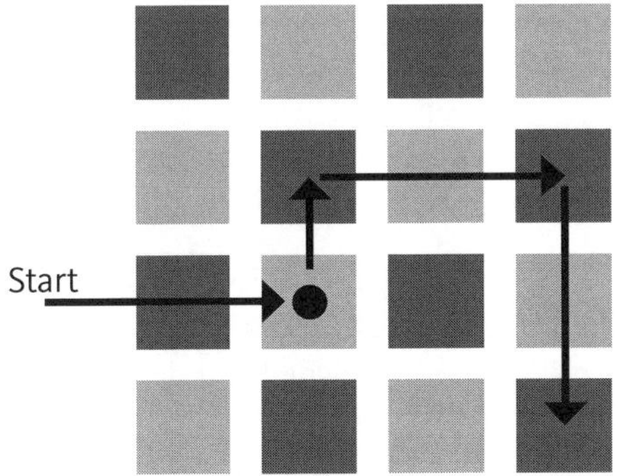

Ihrer Fantasie sind keine Grenzen gesetzt. Auch alle Übungen mit verbundenen Augen trainieren die Vorstellungskraft. Wichtig ist nur Ihre eigene Einsicht in den Nutzen dieser »Fitnesskomponente«, dann werden Sie genügend Ideen haben, um im Unterricht und auch in der freien Arbeit mit einzelnen Schülern immer wieder kurze Trainingseinheiten hierzu durchzuführen.

Es bleibt natürlich nicht bei diesen spielerischen Übungen, sondern wir haben ja ein mathematisches Ziel vor Augen: Umstrukturieren von Zahlen im Kopf. Ein nächster wichtiger Schritt auf dem Weg dorthin wird durch sinnvolles und gut strukturiertes mathematisches Handeln getan.

Sechste Wegmarke: exaktes Handeln in logischer Abfolge

Rechnen soll irgendwann nur noch auf dem Papier oder im Kopf stattfinden, leicht und mühelos, durch souveränes Anwenden grundlegender Techniken sowie durch Abrufen und geschicktes Einsetzen der jeweils passenden Bausteine. Das erreichen wir aber nicht, indem wir das einfach verlangen, sondern wir müssen unsere Schüler dorthin führen. Wir wissen auch, wie: nämlich über gut strukturiertes und mathematisch stimmiges Handeln, aus dem Bilder entstehen, die verinnerlicht und übertragbar werden, passend für viele verschiedene Zahlenverhältnisse und Sachverhalte. Dafür genügt es nicht, den Kindern lediglich beliebig bebilderte Arbeitsblätter vorzusetzen und den Handlungsbezug bereits als gegeben anzunehmen.

In einem aktuellen Rechenbuch habe ich folgendes Beispiel gefunden, das zum Thema »Umkehraufgaben« die Vorstellung der entsprechenden Handlung vermitteln soll:

Es sind zwei Bilder zu sehen: auf dem einen steigen zwei Kinder in einen Bus hinein, auf dem anderen steigen sie wieder heraus.

Ich kann nicht erkennen, wie durch diese Bilder die Grundvorstellung vom Zusammenhang zwischen Aufgabe und Umkehraufgabe gestützt würde.

Ein weiteres und in meinen Augen missglücktes Beispiel soll das Prinzip der dekadischen Analogie vermitteln:

In einem gängigen Rechenbuch findet sich eine Seite mit zwei Bildern. Auf dem ersten ist ein Backblech mit fünf Gebäckstücken zu sehen und eine Frau, die vier weitere Stücke dazulegt, daneben ein zweites Bild, bei dem – ungeordnet – auf einem Backblech 15 Gebäckstücke liegen mit einer Frau, die ebenfalls vier weitere dazulegt.

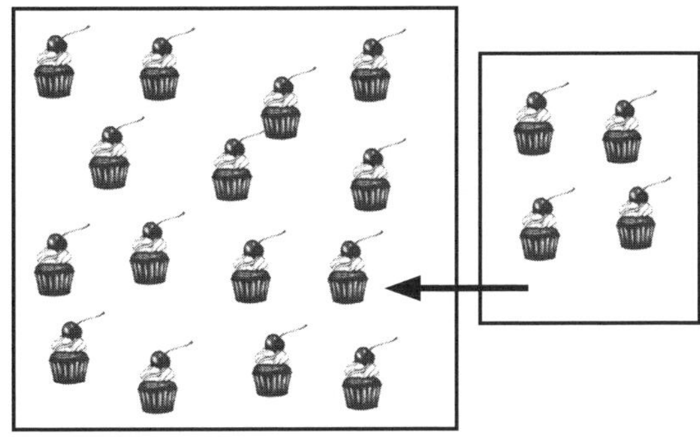

Beim bloßen Betrachten der beiden Abbildungen – Bus und Backblech – und ohne die Überschrift zu kennen, kann hier selbst von einem geübten Rechner nicht ohne weiteres eine Beziehung zur Gesetzmäßigkeit von Umkehraufgaben oder Analogien hergestellt werden. Um wie viel weniger wird das allen unseren Schülern gelingen! Es ist nicht damit getan, Arbeitsblätter nur deshalb mit Bildern zu versehen, weil vermeintlich damit der Forderung nach einem Handlungsbezug »irgendwie« Genüge getan wird. Selbst wenn das auf diesen Bildern Dargestellte im Unterricht noch einmal nachgespielt würde, bliebe der Effekt fragwürdig. Eine sinnvoll geplante Handlung muss darauf abzielen, die dazu passende mathematische Struktur zu erkennen, auf andere Zahlen übertragbar zu machen und zu verinnerlichen.

Dafür ist es nötig, dass exakt vorgegangen wird, Schritt für Schritt und in der richtigen serialen Abfolge. Wenn gemeinsam gehandelt wird, wie z.B. bei der Einführung eines bestimmten Themas oder beim Nachdenken über die Struktur einer Sachaufgabe, dann ist es auch sehr nützlich, das Handeln zu versprachlichen. Es muss allerdings bei jedem Schritt Klarheit darüber herrschen, was hier getan wird und wie der Bezug zur gesamten Aufgabe ist.

Betrachten wir das Beispiel »Umkehraufgabe«: Kinder, die viele Zahlenchunks »besitzen« und auch den Bezug zum Farbenmischen rot-gelb-orange bereits praktisch erfahren haben, werden sehr schnell bei entsprechender Handlung die Parallele zwischen diesem konkreten Sachverhalt und dem Mischen und Ent-Mischen von Farben erkennen.

Nehmen wir also an, im Bus (einem rechteckigen Stück Tonpapier) sitzen bereits sechs Kinder (sechs rote Perlen). Es steigen zwei Kinder zu (zwei blaue Perlen). Der Bezug zu den Farben kann leicht hergestellt werden.

»Ich habe hier die zwei Folien, die ihr schon kennt. Welche Zahl soll rot sein? Die Sechs? Gut, dann ist die Zwei natürlich …? Gelb, genau.«

Während die Folien übereinander gelegt werden und so die Farbe Orange ergeben, wird die passende Rechnung formuliert und an die Tafel geschrieben.

Dann steigen die zwei Kinder wieder aus dem Bus aus (blaue Perlen vom Karton wegnehmen), die gelbe Folie wird aus der orangefarbenen Mischung herausgezogen, die Rechnung formuliert und an die Tafel geschrieben. Eine weitere Reflexionsstufe wird erreicht, wenn die Zahlen in den beiden Rechnungen zum Schluss auch noch farbig eingekreist werden in Rot, Gelb und Orange.

Dieses Prinzip des exakten Handelns und des schrittweisen Notierens ist wichtig und hilft den Kindern, allmählich gedankliche Strukturen aufzubauen.

Geordnetes Handeln und der Aufbau mathematisch sinnvoller serialer Abläufe haben nichts mit mechanischem »Pseudorechnen« zu tun, sondern machen Zusammenhänge überschaubar. Das geht allerdings nur mit Material, das diese Zusammenhänge auch zwingend darstellt. Ein Backblech mit einer ungeordneten Menge von 15 Plätzchen muss nicht zwingend als ein Zehner und fünf Einer aufgefasst werden. Gerade unorientierte Kinder werden die Mengenangabe 15 als beliebig »herausgefischt« aus dem Meer der Zahlen auffassen und nicht als strukturelle Fortführung der Fünf aus dem ersten Bild mit dem Zusatz einer Zehnerstelle. Zwingend wäre das Material, wenn – ausgehend von dem Plätzchenbild – die beiden Mengen durch Kugeln (= Perlen) dargestellt würden und dann zu jeder Menge jeweils vier Kugeln dazu kämen:

Erstes Bild: 5 einzelne Kugeln – 4 Kugeln kommen dazu

Zweites Bild: ein Säckchen und 5 einzelne Kugeln – 4 Kugeln kommen dazu

Und um die Analogie zwingend aufzuzeigen, wäre dann noch ein **drittes Bild** sinnvoll:

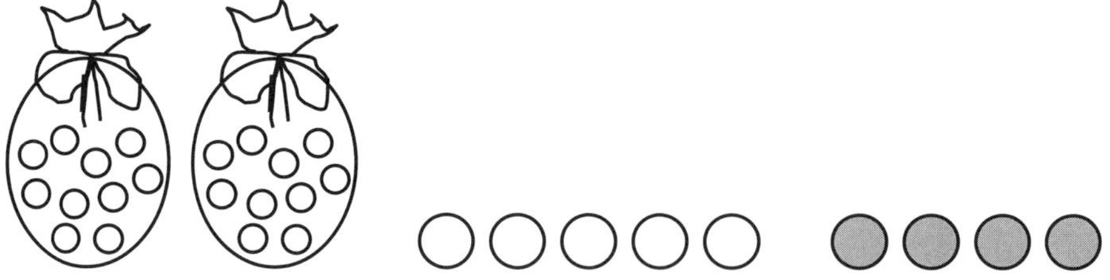

Wir müssen uns in der ersten Klasse nicht ängstlich an den im Lehrplan vorgegebenen Zahlenraum bis 20 halten. Gerade die Tatsache, dass die Analogie zwischen dem ersten und zweiten Zehner auch auf den 3., 4., 5. usw. Zehner übertragen werden kann, lässt sich einerseits durch das Legen von Säckchen und Kugeln zwingend veranschaulichen und bringt andererseits auch noch die Lust am Be-Greifen: Aha, so ist das also!

Den Kindern auf die mathematischen Schliche kommen

Ergebnisse sind »Schall und Rauch«, das wurde hinlänglich klar. Wirklich wichtig ist nur, was dahinter steckt, bzw. wie sie entstanden sind.

Wenn Paul zählend »rechnet« 8 + 7 und dann auch noch richtig zum Ergebnis »15« kommt, so darf uns das nicht blenden. Wie können wir nun aber dahinter kommen, wieviel Paul wirklich verstanden hat?

Am einfachsten ist es, die Aufgabe mit Material noch einmal legen und die Handlung versprachlichen zu lassen. Wenn Paul das kann, dann ist immer noch nicht auszuschließen, dass er im konkreten Fall das Ergebnis 15 zählend herausbekommen hat, aber wir wissen zumindest, dass er die Aufgabe auch gliedernd und denkend lösen könnte. Ist Paul ein flinker und geschickter »Zähler«, dann kann es schon sein, dass er diesen Weg als den einfacheren bevorzugt, weil ihm das Denken und Gliedern zu mühsam ist. Dieses Dilemma können wir nur vermeiden, wenn wir grundsätzlich alle Aufgaben zunächst einmal mit entsprechender Notation, aus der die zugrunde liegende Handlung zu ersehen ist, anschreiben lassen. Das würde bei dieser Aufgabe so aussehen:

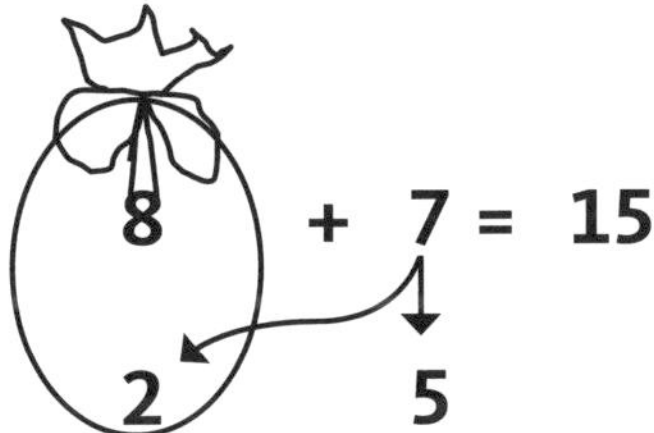

Aus der Notation wäre diese Handlung ersichtlich: Zuerst sind 8 rote und 7 blaue Perlen – Kugeln – vorhanden.

Aus den beiden kleinen Mengen wird eine einzige und größere Menge gebildet. Wir wissen: Mehr als 9 einzelne Einheiten kann es nie geben, also wird abgefüllt in die nächstgrößere Einheit, in diesem Fall in ein Zehnersäckchen.

Von den sieben blauen Perlen wurden zwei für das Füllen des Zehnersackes »abgezweigt« und es bleiben noch fünf einzelne blaue Perlen übrig, insgesamt also 15.

Bequemlichkeit – schwergemacht

Wie Additionen und auch Subtraktionen handelnd vollzogen und verständnisintensiv notiert werden, habe ich in meinem Rechenlehrgang detailliert beschrieben (Buchner 2012a, S. 119–126 und S. 156–170).

Entscheidend ist die Erkenntnis, dass Kinder, die sich zunächst schwertun, immer in Versuchung sind, den Anstrengungen auszuweichen. Hier müssen wir »Spielverderber« sein und diese Schleichwege blockieren.

Das geht bereits beim Zählen los: Wenn wir uns hier mit dem bloßen Aufsagen der Zahlenreihe begnügen, dann wissen wir nicht, was wirklich dahintersteckt. Deshalb sind Spiele am Zahlenstrahl und mit der Zahlenfolge, Zählen mit Zuordnen und auch die immer wieder vollzogene Querverbindung zwischen ordinaler und kardinaler Zahlenbedeutung so wichtig (s. S. 26-31).

Beim Addieren und Subtrahieren mit Zehnerübergang bildet die verständnisintensive Notation einen wichtigen Hinweis für uns, ob individuelle Hilfe nötig ist.

Bei Gleichungen im Zahlenraum bis zehn ist die Versuchung des Zählens für manche Kinder besonders groß und die Nachprüfbarkeit für uns Lehrkräfte besonders gering. Deshalb habe ich diese Aufgaben in meinem Unterricht grundsätzlich immer nur als Platzhalteraufgaben angeboten. Damit wird automatisch das Bild des passenden Zahlenchunks in der Vorstellung aufgerufen und die Aufgabe auch in einen Zusammenhang gestellt und nicht nur »irgendwie« auswendig oder zählend gelöst.

Zu 5 + ___ = 8 passt zum Beispiel der Zahlenchunk

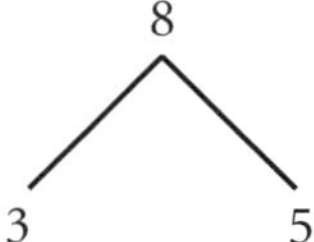

Wenn die Aufgaben in dem kleinen Zahlenraum bis zehn als Platzhalteraufgaben gerechnet werden, dann geht das nur über das Verständnis der Zahlenbeziehungen. Die sind aber durch das vielfache Werfen mit Plättchen und die Notation als Ästeaufgaben für alle Kinder nachvollziehbar. So wird hier eine Querverbindung gelegt zwischen Zahlenchunk und Gleichung, die höchst praktisch ist, denn sie macht ohne große Erklärungen die Übertragbarkeit des Zahlentripels in die Gleichung einsichtig.

So viele Kinder steigen bereits in der ersten Klasse bei den Platzhalteraufgaben aus. Warum? Mir leuchtet das absolut ein. Das sind die Kinder, die sich nicht im Zahlensystem orientieren können, die viel zu früh mit der ganzen Palette der »Geheimsprache Mathematik« konfrontiert wurden und die froh sind, wenn sie mit mühsamem Abzählen oder Auswendiglernen »richtige« Ergebnisse produzieren. Weil sie aber die Zusammenhänge nicht verstehen, wissen sie nicht, wie sie mit einer Aufgabe umgehen sollen, bei der das Ergebnis nicht »hinten«, sondern nun plötzlich in der Mitte gefragt ist. Hätten diese Kinder die Chance gehabt, sich erst einmal einen Schatz aus Zahlenbeziehungen aufzubauen und Zahlenchunks zu sammeln, dann würde ihnen auch einleuchten, wie das Ganze zusammenhängt. Liebe Kolleginnen, lassen Sie sich nicht von Arbeitsheften und Rechenbüchern dazu verleiten, bereits in dem kleinen und durch Auswendiglernen noch ganz leicht zu beherrschenden Zahlenraum bis zehn Ihr Augenmerk auf »richtige« Ergebnisse zu richten und deren Vorhandensein als Bestätigung für mathematisches Verständnis zu nehmen. Da werden einige Kinder Ihrer pädagogischen Aufmerksamkeit entgehen, zu einem Zeitpunkt, an dem es noch sehr einfach wäre, ihnen wieder auf die Sprünge zu helfen.

Das ausschließliche Arbeiten mit Platzhalteraufgaben im Zahlenbereich bis zehn ist ein wirkungsvolles Diagnoseinstrument zur Enttarnung von »Pseudorechnern«.

Spannende und originelle Aufgaben können das Mathematikdilemma nicht lösen

Mathematik ist in den Fokus der Bildungspolitik geraten. Viele Kinder haben Angst vor diesem Fach oder mögen es einfach nicht, viele Eltern erinnern sich mit Grauen an ihre eigene mathematische Schulvergangenheit und viele Jugendliche wollen in das Berufsleben eintreten, ohne auch nur einfachste Rechenaufgaben lösen zu können. Lehrherren klagen zunehmend darüber, wie wenig an solidem mathematischem Handwerkszeug den Aspiranten auf eine Lehrstelle zur Verfügung stehe. Da wird im Einstellungsgespräch für eine Schreinerlehre z.B. gefragt, welche Fläche denn eine Tischplatte habe, die 1,50 m lang und 1 m breit ist. Wenn der Bewerber nur ein hilfloses Schulterzucken zur Antwort hat, dann ist doch klar: So einen kann der Meister nicht brauchen.

Das Problem der weitreichenden Mathedefizite ist bekannt und nun soll es so gelöst werden, wie das meist der Fall ist, wenn »von oben« reguliert wird: es beraten am grünen Tisch die Fachleute, ein neuer Lehrplan spricht von Kompetenzen, die erworben werden sollen, man startet Initiativen und Programme, die auf dem Weg über Multiplikatoren unters pädagogische Volk gebracht werden sollen. Das durchaus begrüßenswerte Ziel, Mathematik attraktiv zu machen, wird meines Erachtens jedoch nicht auf einem Weg verfolgt, der für alle Kinder gangbar ist. Zu viel Raum nimmt bei all diesen Bestrebungen das Präsentieren spannender und »schöner« Aufgaben ein, zu wenig Augenmerk wird darauf gerichtet, die Kinder erst einmal »aufgabentauglich« zu machen. Ob Entdeckerpäckchen oder Forscheraufgaben ist für jene Schüler, die im Zahlensystem desorientiert sind, völlig gleichgültig.

Das Programm »Sinus an Grundschulen« zum Beispiel bietet interessantes Material, das uns Lehrer durchaus zum Nach- und Weiterdenken anregen kann (http://www.sinus-an-grundschulen.de/). Ein Schmökern auf der Homepage ist unbedingt zu empfehlen. Ich tat das auch und wurde dadurch sehr neugierig auf die praktische Umsetzung. Deshalb besuchte ich eine Sinus-Fortbildung, durchgeführt von einer Multiplikatorin, die einen Einstieg in das Sinus-Projekt schmackhaft machen sollte. Der ganze Vortrag hatte ausschließlich »schöne« Aufgaben zum Thema und bot hierfür eine Reihe von Beispielen. Nun ist eine einzige Fortbildung sicher nicht so aussagekräftig, dass man sich danach ein Urteil über das ganze Projekt erlauben könnte. Und dennoch war für mich etwas daran symptomatisch: die Betriebsblindheit gegenüber den fundamentalen Schwierigkeiten, die viele Kinder mit dem Zehnersystem haben, das Nichtansprechen der Nöte dieser Kinder und das fehlende Erwähnen der Notwendigkeit, diese Kinder in den Fokus unserer pädagogischen Aufmerksamkeit zu rücken.

Ich meine, dass die solide, bescheidene Basisarbeit, die ganz unspektakulär daherkommt, das Entscheidende ist, um mit den Kindern gemeinsam den mathematischen Raum einzurichten, wohnlich zu machen und nach und nach zu erobern. Ich kann diese Basisarbeit auch nicht unattraktiv finden, ganz im Gegenteil. Sie stellt an uns höchste Anforderungen, denn wir müssen von Anfang an sehr kreativ sein, um die Reise in die wunderbare Welt der Mathematik so zu gestalten, dass unsere Reisegruppe gerne dabei ist, dass jeder mitgehen kann und dass wir sofort sehen, wenn einer vom Weg abkommt. Hier sehe ich uns Grundschullehrer am genau richtigen Platz, denn da ist das gefordert, was unsere Berufsgruppe einfach am besten kann: Inhalte kindgerecht aufbereiten und in vielfältiger Weise von verschiedenen Seiten »anfliegen«, um sie gut zu vernetzen und zu verankern. Um diesem Anspruch allerdings wirklich gerecht werden zu können, müssen wir auf dem Boden der pädagogischen Wirklichkeit bleiben. Wir dürfen uns – das möchte ich mit Verlaub sagen – keine Flausen in den Kopf setzen lassen. Gegen schöne Aufgaben, Forscher- und Entdeckerpäckchen ist nicht das Geringste einzuwenden, sie stehen aber nicht am Anfang, sondern haben ihren didaktisch richtigen Platz dann, wenn das Handwerkszeug für ihre Bearbeitung vorhanden ist. Die Fähigkeit, Lösungen zu planen und Strategien zu entwickeln, sitzt im Frontallappen des Gehirns, braucht aber als »kognitiven Wasserträger« grundlegendes Zahlenverständnis, Einsicht in das dezimale Ordnungssystem und all das, was über den Scheitellappen des Gehirns an mathematischer Basis erst einmal angelegt werden muss. Mein Schüler Simon, über den ich noch berichten werde (s. S. 124–127), wäre nie in die Lage gekommen, seine Begabung für das Lösen von Sachaufgaben zu entfalten, wenn es nicht gelungen wäre, ihm die nötigen mathematischen Grundvorstellungen und Techniken zu vermitteln.

Ich schätze die Anregungen, die wir von den Kollegen an der Universität bekommen, aufs höchste, wie ich bereits am Beispiel des Buches von Wittmann/Müller (Wittmann/Müller 1992) erwähnte. Und dennoch, auch bei diesem wunderbaren Werk – dem ich so wertvolle Ideen und Anregungen verdanke – musste ich das meiste erst einmal didaktisch herunterbrechen auf eine Ebene, die wirklich für alle Kinder Lernchancen bot. So kam es dann zu meinem eigenen Rechenlehrgang (Buchner 2012a).

Wir brauchen also für einen erfolgreichen elementaren Rechenunterricht ein gerüttelt Maß an Rückbesinnung auf das Handwerk und dürfen uns für dieses Einfache nicht zu gut sein.

Denn die Schule hat einen gewaltigen Einfluss darauf, ob Kinder rechnen lernen oder nicht. So gab es jüngst wieder eine Anhörung im Bayerischen Landtag, bei der es darum ging, ob denn nicht doch Kindern mit diagnostizierter Dyskalkulie ein Nachteilsausgleich gewährt werden solle. Aufeinander prallten zwei Experten, von denen ich nur einen wirklich für ernst zu nehmen halte, nämlich den Mathematikdidaktiker Prof. Volker Ulm von der Uni Bayreuth. Er sagte, man könne Dyskalkulie in mindestens 95 Prozent der Fälle durch gezielte individuelle Hilfe beheben. Ich würde diese Aussage sogar dahingehend abwandeln, dass in mindestens 95 Prozent der Fälle Dyskalkulie gar nicht erst entstehen muss, wenn wir an der Grundschule uns erlauben, langsam und gründlich eine tragfähige Mathebasis aufzubauen. Der andere Experte hingegen, Prof. Schulte-Körne, ein Kinder- und Jugendpsychiater, der Dyskalkulie als Krankheit sieht (https://www.kjp.med.uni-muenchen.de/news.php?nid=63), plädierte für Lerntherapie und Nachteilsausgleich, schränkte aber gleichzeitig ein, Dyskalkulie sei nicht für immer korrigierbar und man sei froh, wenn 30 bis 40 Prozent der Kinder aus dem ganz schwachen Bereich herausgebracht werden könnten (Münchner Merkur 04.05.2017).

Liebe Kolleginnen, hier sollten wir doch ein gesundes Misstrauen an den Tag legen und nicht alles einfach als gegeben hinnehmen, nur weil irgendein Experte das sagt. Ich halte es mit dem Professor aus Bayreuth, der ja immerhin vom didaktischen Fach ist, und ich wehre mich entschieden gegen den fatalistischen Standpunkt, hier gehe es um eine »Krankheit«, die nur therapeutisch – und womöglich irgendwann auch mit Medikamenten? – um ein gewisses Maß zu mindern, aber nicht zu beheben, sei.

Gute Lerntherapie kann Rettung in der Not sein, wenn die Schule nicht mehr weiterhelfen kann. Ich bin allerdings davon überzeugt, dass Schule das kann, aber nicht, indem einfach ein Lehrbuch abgearbeitet wird, und auch nicht, indem wir die solide Basis aus den Augen verlieren und glauben, wir müssten in erster Linie »schöne« Aufgaben finden. Das hätte meinem Schüler Alex, über den ich schon berichtete, sicher nicht geholfen, und wenn ich an meine Schüler Justin, Fanni oder Simon denke, die alle sicheren Boden unter die Füße bekamen, so hätte man auch sie damit überfordert. Eine Erkenntnis ist für mich entscheidend: Seit ich vor 25 Jahren den Absprung aus meinem miserablen Matheunterricht schaffte, ist mir kein einziger Alex mehr untergekommen und Mathematik avancierte zum Lieblingsfach bei meinen Schülern. Nun kann man natürlich einwenden, das sei »nur« eine subjektive Erfahrung. Sicher, ich kann keine wissenschaftliche Studie vorweisen, aber Erfahrungen mit einigen hundert Kindern im Laufe von 25 Jahren sind nicht »nichts«, das kann mir niemand einreden.

Damit Mathe zum Lieblingsfach werden konnte, war es natürlich nötig, Unterricht für alle zu gestalten, Mathematik zum Mitmachen. Wenn ich »alle« sage, dann sind damit allerdings nicht nur jene Kinder gemeint, die sonst oft auf der Strecke bleiben, also die schwachen Rechner – nein, ich meine auch und besonders die guten Rechner, die so oft lustlos im Schulbuchunterricht sitzen und gelangweilt die immer gleichen Aufgaben bearbeiten. Eines eint sie alle, die guten wie die schwachen und mittelmäßigen: Sie sind Kinder und haben Freude an kindgerechten Aktivitäten.

Die emotionale Dimension, für Grundschulkinder unverzichtbar

Warum lernen Kinder? Aus einem einzigen Grund: weil sie wollen. Wenn sie nicht wollen, beißen wir uns an ihnen die Zähne aus. Dieses Wollen ist am wirkungsvollsten dann, wenn es aus dem Kind selber kommt, ohne Druck von außen.

Wie kann es uns nun gelingen, Kinder für Mathematik zu begeistern? Besinnen wir uns auf das, was Kinder einfach gerne mögen. Da sind vor allem zwei Dinge zu nennen: gemeinsame spielerische Aktivitäten und schöne Geschichten.

Ich habe bereits weiter vorne (S. 27–31) im Zusammenhang mit dem Zahlbegriff eine Reihe von Gemeinschaftsaktivitäten aufgezählt.

Räuber, Liesel, Schnappi und Co.

Was ich Ihnen aber besonders empfehlen möchte, ist der Einsatz von Geschichten. Wir erreichen das Herz der Kinder mit ihnen, in der Klasse entsteht eine positive Stimmung und dennoch bleibt das sachliche und exakte Rechnen nicht auf der Strecke – eben gerade nicht, denn über die Geschichten werden Kinder zum Mitmachen und Mitdenken gebracht, fast ohne das als solches explizit wahrzunehmen. Meine besonders erfolgreichen Figuren möchte ich Ihnen gerne vorstellen. Ich verwende sie seit vielen Jahren und um sie herum entstehen dann die verschiedenen Handlungen, mit gleichbleibender Kernthematik, aber in der konkreten Ausschmückung doch immer wieder ein bisschen anders.

Diese Figuren sind ein fester Bestandteil meines Rechenlehrgangs (Buchner 2012a) und es würde mich natürlich freuen, wenn ich Sie für diesen begeistern könnte. Das würden Sie auch gewiss nicht bereuen. Andererseits können Sie durchaus auch mit Geschichten und Handpuppen arbeiten, ohne sich an meine Vorlagen zu halten. Meine hauptsächliche Botschaft lautet, dass der Einsatz von Geschichten ein weiteres Mittel darstellt, den Rechenunterricht positiv emotional aufzuladen und dadurch für alle Kinder attraktiv zu machen.

Der Fünferräuber

In meinem Unterricht rankt sich die erste große Geschichte um die Figur des Fünferräubers. Er tauchte in meiner Fantasie auf, als ich auf der Suche nach Möglichkeiten war, mit der Kraft der Fünf intensiv zu arbeiten.

Als ich nämlich vor vielen Jahren in dem Wittmann-Müller-Handbuch von dieser Kraft der Fünf las, die man doch unbedingt nutzen solle, leuchtete mir das ein, ist doch eine Menge aus fünf Elementen die erste Menge, die nicht mehr simultan erfasst werden kann (es sei denn, sie wäre geordnet, wie z.B. beim Würfelbild) und zerlegt werden muss: in 3-2/2-3 oder 4-1/1-4. Allerdings waren mir die im Buch gezeigten konkreten Beispiele zu einfach und zu wenig abwechslungsreich (Wittmann/Müller 1992, S. 32–34), denn es ging dabei lediglich darum, auf einem Zwanzigerfeld Plättchen zum Verdoppeln so aufzulegen, dass rote und blaue Plättchen in zwei Reihen übereinander lagen und damit auf einen Blick die beiden 5er-Formationen als zehn zu erkennen waren. Da ich zu Beginn einer zweiten Klasse die herkömmlichen Schulbuchpfade verlassen hatte, war ich, als das 5er-Thema für eine von mir geführte erste Klasse aktuell wurde, bereits im 2. Jahr meines »neuen mathematischen Lebens«. Ich hatte auch in anderen Büchern, die sich mit dem Thema Dyskalkulie befassten, über die Kraft der Fünf gelesen und wollte nun mit dieser Fünf etwas Sinnvolles anstellen. Das Spiel »Räuber und Goldschatz« (Wittmann/Müller, ebd.) regte mich zum Weiterdenken an und so beschloss ich, mein Fünfer-Glück mit der Figur eines Räubers zu versuchen. Der Fünferräuber war geboren. Er hatte seinen Auftritt in der ersten Klasse, nachdem im Januar die ersten Gleichungen mit Plus vorgestellt worden waren. Weil ja das Rechnen mit den im Zehnerraum möglichen Kombinationen wenig hergibt, ging ich schnell weiter zum Addieren mit Zehnerübergang, allerdings nicht über das Auffüllen von Zehnern, sondern über das Finden zweier Fünfer.

Lassen Sie sich bitte nicht irritieren von dieser zügigen Vorgangsweise. Es stimmt, ich habe schon mehrmals betont, wie wichtig es sei, nicht zu flüchtig und oberflächlich vorzugehen. Aber bedenken Sie, dass ich dafür plädiere, im ersten Drittel des Schuljahres ohne die Schreibweise der Gleichungen zu arbeiten und dafür Zahlenbeziehungen im Zehnerraum zu festigen, den Zahlbegriff handelnd und spielerisch zu verinnerlichen, die Dezimalschreibweise über das Füllen von Zehnersäcken begreifbar zu machen und das Verdoppeln im Zahlenraum bis zwanzig mit konkretem Handeln mit echten Spiegeln und einer naiven Notation durchzuführen. Das heißt, die Kinder haben sich ein umfangreiches Zahlenwissen erworben. Bedenken Sie weiterhin, dass ich ebenfalls dafür plädiere, das Minuszeichen – also die Grundrechenart des Subtrahierens – erst einzuführen, wenn die erste Grundrechenart – das Addieren – in allen möglichen Spielarten beherrscht wird (s.S. 43 f.). Die Kinder haben also kein unüberschaubares Gewirr mathematischer Zeichen und verschiedenartiger Rechnungen, sondern sie haben genau eine Rechenart, die Addition. Diese wird aber nicht auf dem niedrigsten Level angeboten mit einem Zahlenmaterial, das es jedem Schüler leicht macht, hier auswendig zu »rechnen« und auf diese Weise zu mogeln. Diese Rechenart kommt gleich spannend daher und bietet für jeden etwas.

Da sind zum einen die Platzhalteraufgaben, für die man das Verständnis braucht, wie Zahlentripel, also die oft erwähnten Chunks, zusammenhängen. Diese Aufgaben liefen auch weiterhin zum Üben nebenher.

Unser gemeinsames Tun im Unterricht aber wurde dominiert vom Fünferräuber, der als Handpuppe eines Tages – unter einem Stapel von Blättern versteckt und laut schnarchend – von mir »entdeckt« wurde und dann sofort wild nach Fünfern schrie.

Sein Kampfruf war: »Ich liebe Fünfer! Wo sind Fünfer?« Dabei fuhr er auf die Kinder los, schnüffelte aufdringlich überall herum und war nicht zu bändigen. An der Tafel standen verschiedene Zahlen, alle zwischen fünf und zehn und bald rief das erste Kind: »An der Tafel, da sind doch 5er, in der 8 steckt einer und in der 7 auch!«

Nun war etwas los in der Klasse: Schnell wurden die Zerlegungen mit fünf als Äste unter die Zahlen gemalt, der Fünferräuber schnüffelte und schmatzte und freute sich, dass er Fünfer bekam. Als der erste Sturm vorbei war, unterhielten wir uns mit ihm und er erzählte uns, dass er am liebsten Fünfer mochte, er fraß sie ohne Umschweife auf. Der Räuber besuchte uns ab da für einige Zeit täglich im Unterricht und wir machten nun alle möglichen Übungen mit der 5, füllten laminierte Fünferteller mit fünf Rechenplättchen als »Knödel«, weil der Räuber diese Teller mit den fünf Knödeln so schätzte und kamen schließlich zum Rechnen nach der Art des Fünferräubers: Eine Aufgabe möchte ich zur Verdeutlichung vorstellen:

So rechnet der Fünferräuber:

Die Aufgabe wird auch mit Plättchen gelegt:

Erst sind es 7 rote und 6 blaue Plättchen.

Die restlichen Knödel liegen neben den Tellern.

Das ist die einfachste Aufgabenvariante, weit komplizierter wird es, wenn nicht nur rote oder blaue, sondern auch gemischte Knödelteller zu füllen sind. Das habe ich detailliert in meinem Rechenlehrgang beschrieben (Buchner 2012a, S. 115–125).

Dieser Räuber begeisterte die Kinder aller meiner Matheklassen, ob sie nun schwache, mittelmäßige oder hervorragende Rechner waren: Jeder hatte Spaß daran, fürchtete sich vor dem Räuber, wenn er auf sie losfuhr, um von ihnen Fünfer zu »erpressen« und sang begeistert mit beim Räuberlied (Buchner 2012a, S. 125). Dass auch andere Lehrer auf diesem Weg didaktische Erfolge erzielen, erfahre ich aus Leserfeedbacks immer wieder. Die mit dem Räuber verbundene mathematische Struktur ist beileibe nicht »ohne«. Hier werden die mathematischen Wegmarken gebraucht, die wir gründlich angelegt haben: Das Zerlegen von Zahlen, das gezielte Auffüllen, das exakte Handeln in korrekter serialer Abfolge und das Zusammensetzen einer Gesamtmenge aus Teilmengen.

Der Räuber kann die Kinder auch immer wieder zum Reflektieren anregen, denn er besteht darauf, auch rechnen zu lernen, drängelt sich dann vor und macht natürlich ständig Fehler. Aber unverdrossen behauptet er in jeder Rechenstunde, er sei so klug und wisse schon viel, zum Beispiel dieses, wobei er immer mit großer Handpuppengeste seine beiden Hände in der Mitte faltet: »Eine Hand und noch ne Hand ist zehn!« Mit diesem Mantra plagt er uns ständig, Kinder und Lehrerin verdrehen genervt die Augen und der Merksatz wandert unweigerlich und unauslöschbar ins Gehirn.

Wie sehr das »Räuberwesen« unsere Rechenstunden belebt, kann man aus vielen Reaktionen der Kinder ablesen: Miriam bearbeitete ein Rechenblatt mit Fünferräuber-Aufgaben und musste unbedingt loswerden, was sie von ihm hielt. Sie schrieb an den Rand: »Dea 5-roiba ist ain saukeal.« (Der Fünferräuber ist ein Saukerl.)

Dem Räuber wurden auch Bilder, Geschichten und kleine Geschenke in die Schule mitgebracht und in einer meiner Matheklassen taten sich vier Erstklässler zusammen, trafen sich am Nachmittag und bastelten eine Räuberfigur aus einem Pappkarton, ausgestopften Strümpfen und Wolle. Im Triumphzug schleppten sie den Räuber in die Schule, wo er dann auf einem Schrank platziert wurde und von dort aus den Rest des Schuljahres unser mathematisches Treiben beobachtete (Buchner 2012a S. 116). Diese vier Kinder gehörten übrigens zu den besten Rechnern der Klasse.

Die Zehnerliesel

Der Zehnerübergang gilt als beachtliche Hürde im elementaren Rechenunterricht und ich kann auch gut verstehen, wie es dazu kommt. Wenn der Zehner – immerhin die erste Zahl, bei der es wichtig ist, das Wesen der Positionsschreibweise zu verstehen –, einfach als weitere Zähleinheit – 9 + 1 – daherkommt, dann ist die großartige Besonderheit der Schwelle, die hier überschritten wird, für die Kinder nicht einsehbar und deshalb wollen viele Kinder Aufgaben, die die Zehn überschreiten, auch einfach durch Weiterzählen lösen. Durch das Einpacken in Zehnersäcke wird dieser Übergang zwingend deutlich, das habe ich bereits ausgeführt. Durch die Vorarbeit mit dem Fünferräuber sind auch die wichtigen Prozesse des Zerlegens und des Zusammenschiebens zweier Mengen auf zehn eingeübt. Wenn nach dieser Vorarbeit die kleine Schwester des Fünferräubers auf den Plan tritt, dann fällt der »echte« Zehnerübergang, jener, bei dem ergänzt wird auf die zehn, vom Baum wie eine reife Frucht.

Aber zunächst einmal schauen wir uns an, wie diese neue Figur die Kinder fesselt. Die Erzählung dazu handelt davon, dass der Fünferräuber eine kleine Schwester hat.

Und kleinere Geschwister wollen doch immer das gleiche wie die Großen tun, das weiß jeder, der kleinere Geschwister hat und alle anderen Kinder können sich das gut vorstellen.

Es taucht also eines Tages im Rechenunterricht die Handpuppe der Liesel auf. Bei dieser ersten und wichtigen Szene der Vorstellung dieser neuen Figur habe ich in einer Hand die Räuberpuppe, in der anderen die Liesel. Nun wird gründlich das Klischee der kleinen, lästigen Schwester bedient, da gehen emotional alle Kinder mit, denn jeder kann sich so einer kleinen quengelnden Göre gegenüber ein wenig größer, vernünftiger, besser, kurz: überlegen fühlen. Liesel also quengelt und bettelt, sie wolle auch Fünfer sammeln. Je nach schauspielerischer Lust können Sie hier alle Register ziehen, was in der Klasse für große Erheiterung, für eine emotional positiv erwärmte Stimmung und damit auch für die Bereitschaft, aufzupassen und mitzumachen, sorgt. Ich werde Ihnen erzählen, wie es bei mir im Regelfall szenisch weiterging. Vielleicht lassen Sie sich dadurch animieren, als Lehrerin auch einmal das Bühnenparkett zu betreten. Es wird sich lohnen, das kann ich Ihnen versichern. Hier also die Szene:

Der Räuber, der ja ein ungehobelter Kerl ist, wie alle Räuber – das weiß doch jeder – benimmt sich natürlich erst einmal furchtbar daneben und fängt an, seine kleine Schwester zu verprügeln, die mittlerweile im schrillsten Diskant fordert: »Ich will aaaauch Fünfer sammeln, ich will aaaauch Fünfer sammeln!« Er beginnt sogar, seine Schwester zu beschimpfen und sagt »schreckliche« Dinge, wie z.B. »Dumme Kuh, die Fünfer gehören mir!« Da muss natürlich die Lehrerin einschreiten und den Räuber zur Ordnung rufen. Sie sehen, es geht in der Klasse richtig rund. Weil aber Liesel nicht aufhört, zu kreischen und zu weinen und weil sie allen inzwischen gehörig auf die Nerven geht, sagt die Lehrerin: »Na gut, du kriegst die Zehner!« Nun ist Liesel außer sich vor Freude und fängt sogar an, die Lehrerin abzuküssen, die sich dessen kaum erwehren kann. Sollte ein Kind einwenden: »Aber im Zehner sind doch zwei Fünfer!«, so sage ich schnell und »sotto voce«: »Psst! Er ist so dumm, das merkt er nicht!«

Nun beginnt ein eifriges Zehnersammeln für die Liesel, das bald ergänzt wird durch Additionen: So rechnet Liesel.

Statt Fünferzerlegungen kommen nun »echte« Zehnerübergänge mit dem Auffüllen auf zehn dran (Notation s.S. 79).

Schni-Schna-Schnappi

Ich plädiere dafür, das Minuszeichen und die Subtraktion erst im letzten Drittel des ersten Schuljahres – nach ausgiebigem Addieren mit Zehnerübergang – durchzunehmen. Auch hier geht es wie bei der Addition: Das Prinzip muss klar sein, einige Vorübungen im Zahlenraum bis zehn finden statt und dann geht es sofort an das, was eigentlich spannend ist, das Subtrahieren mit Zehnerunterschreitung. Hier kommt das Krokodil Schnappi ins Spiel. Vorher muss ich aber ein wenig ausholen, um den Schnappi-Einsatz in seinem Zusammenhang darzustellen. Die Notation ist hier komplizierter als bei der Addition, haben wir doch etwas, das wegkommt und dieses Wegzunehmende soll eindeutig dargestellt werden. Dafür verwenden wir das Bild eines Tresors, der vorläufig zwar noch leer ist, aber ein Mengenschild trägt, auf dem die Anzahl von Perlen genannt ist, mit der er gefüllt werden soll. Dann haben wir auch noch einen Zehnersack, der zunächst voll ist, aus dem wir aber Perlen entnehmen. All das ist mit einem echten Sack und echten Perlen kein Problem.

Die Minusaufgabe kann in wenigen Schritten exakt gelegt werden:

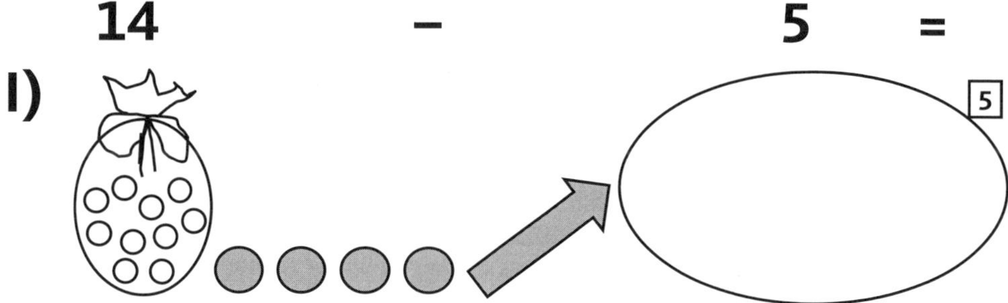

Die 4 einzelnen Perlen wandern in den Tresor. Eine Perle fehlt noch.

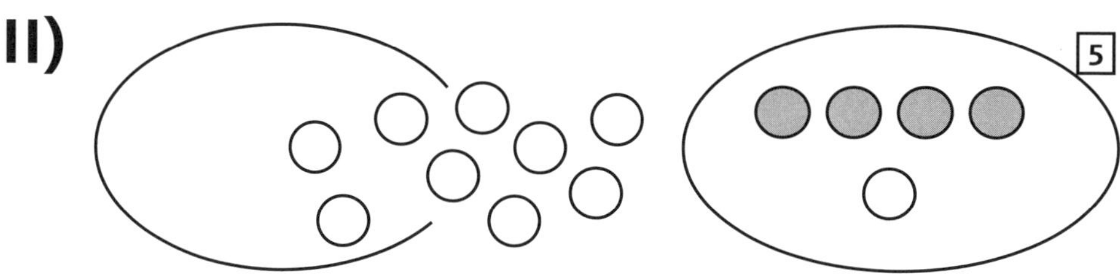

Der Zehnersack wird geöffnet und ausgeschüttet. Die Perle, die auf 5 noch fehlt, kommt in den Tresor.

Die übrig gebliebenen Perlen werden ordentlich in eine Reihe gelegt.

Soll nun aber die Minus-Handlung auch im Heft skizziert werden, um den Einstieg in diese Grundrechenart durch eine gedankliche Verbindung zum echten dreidimensionalen Tun zu stabilisieren und die Verinnerlichung des Zehner-Unterschreitens – also des Öffnens einer Bündelung – zu fördern, so wird es schwierig.

Man könnte einen Zehnersack ins Heft malen, ihn durchstreichen und daneben noch einmal die zehn einzelnen Perlen in einer Reihe anordnen, also den Zehner in zehn Einer wechseln. Das wäre mathematisch korrekt und diese Möglichkeit stelle ich den Kindern auch frei.

Wir wissen, dass durch echtes Handeln und auch bereits durch das Denken und Erinnern an echtes Handeln die Gehirnbereiche im Scheitellappen aktiviert werden, die uns beim Rechnen helfen. So geschieht allein dadurch schon mehr an kognitiver Verankerung als für gewöhnlich üblich ist. Wenn es uns nun aber auch noch gelingt, die Kinder emotional zu begeistern und das Minusrechnen mit Zehner-Unterschreitung zum Abenteuer zu machen, dann haben wir alle, wirklich alle Kinder an unserer Seite, wenn wir uns ans Werk machen.

Und damit ist die große Stunde von Schnappi gekommen. Er tritt auf, nachdem wir mit echten Säckchen und Perlen das Prinzip der Zehner-Unterschreitung gemeinsam verdeutlicht und auch an der Tafel in einer entsprechenden Notation festgehalten haben:

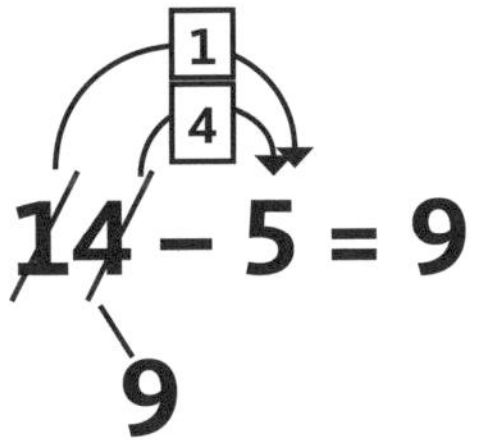

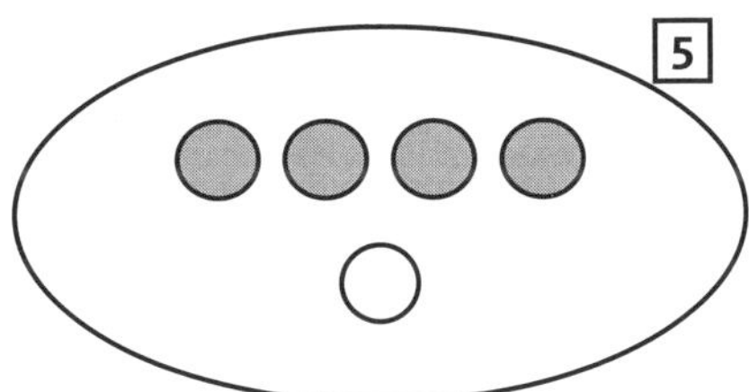

Die Notation bleibt auch bei Schnappi unverändert, aber jetzt kommt die dramatische Darstellung dazu. Zehnersäcke im Heft müssen aus Papier sein – klar, entweder gemalt oder eingeklebt.

Es gibt also das Bild eines Zehnersackes, das ausgeschnitten wird. Daneben werden – wir bleiben bei dem Beispiel von Seite 90, I) – vier Kugeln gemalt und natürlich der Tresor.

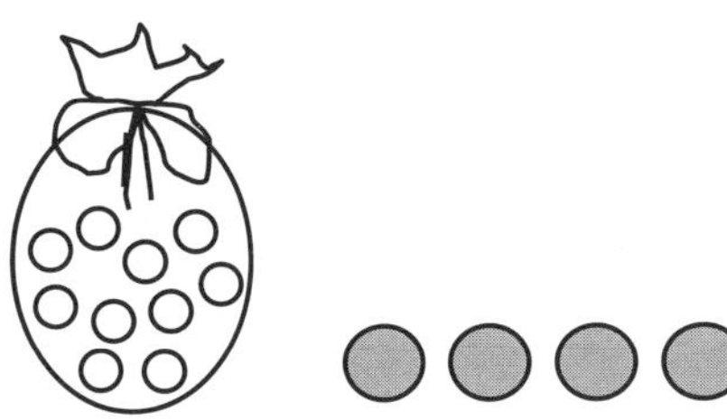

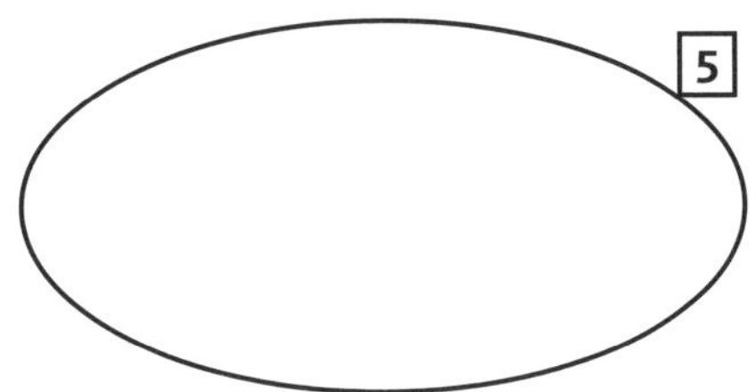

Der erste Schritt der Rechnung ist noch unspektakulär: Die vier blauen Kugeln werden durchgestrichen und wandern in den Tresor. Nun könnte man meinen, es wäre doch ganz einfach, auch noch die eine rote Kugel im Zehnersack durchzustreichen und in den Tresor zu legen. Aber weit gefehlt! Das geht auf keinen Fall! Denn dann wäre ja das Zehnersystem ad absurdum geführt:

Es gibt nur neun einzelne Elemente. Beim 10. Element wird die nächstgrößere Einheit durch Einpacken gebildet. In jedem Sack sind immer genau zehn Kugeln.

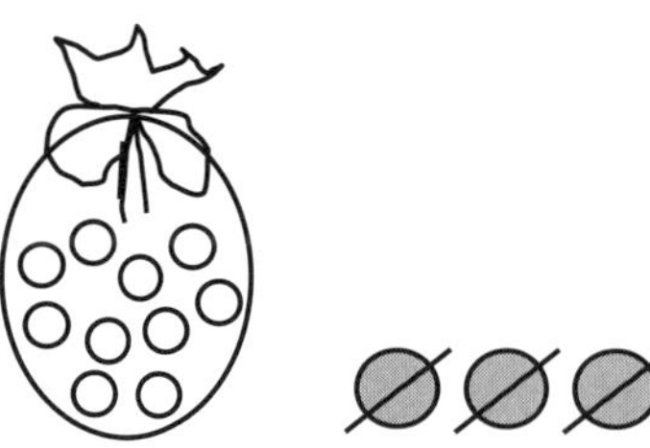

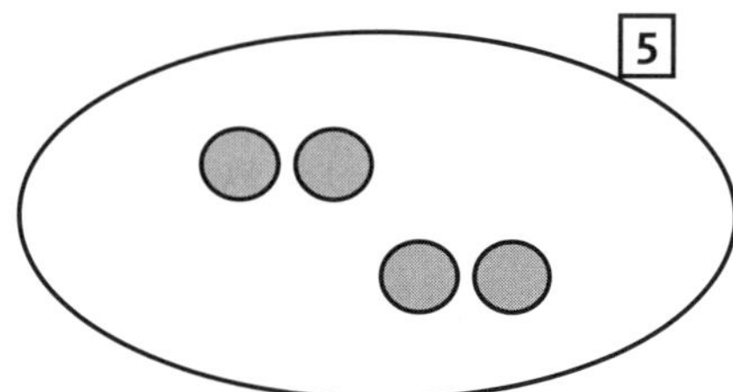

Mit einer großen Schere wird nun nach dem Umschichten der vier einzelnen Kugeln in den Tresor der Zehnersack aufgeschnitten, und zwar mit gehöriger Dramaturgie: Der Sack wird geköpft. Dazu wird der Refrain des Schnappi-Liedes gesungen, mit der Schere erst einmal effektvoll in der Luft herumgefuchtelt und dann – mit »erschröcklichem« Geschrei – der Sack geköpft.

Schni-Schna-Schnappi
Schnappi Schnappi Schnapp
Schni-Schna-Schnappi
Schnappi Schnappi Schnapp

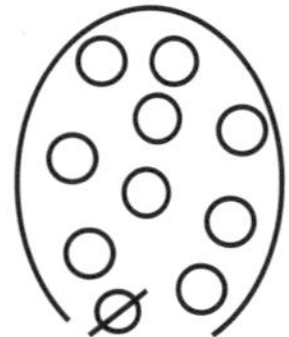

Nun ist der Sack geöffnet, die eine Kugel kann abgestrichen und in den Tresor gelegt werden und der geöffnete Sack wird umgedreht ins Heft geklebt. Das Zehnergesetz wurde gewahrt, alles hat seine Richtigkeit (das Schnappi-Lied ist auf vielen Seiten im Internet zu finden, samt »Hörproben« auf YouTube).

Diese kleine dramatische Aufführung verankert den Ablauf des Zehnerunterschreitens in den Köpfen der Kinder und bringt Schwung und Abenteuer in den Unterricht. Manche Kinder spielen diese kleine Szene immer wieder für sich nach. So schaute ich z. B. Markus, einem meiner lebhaften Matheschüler, ganz gerührt zu, wie er im Heft Minusaufgaben löste, an der Stelle des Schnappi-Einsatzes mit seiner Schere rhythmisch in der Luft herumfuchtelte, stumm das Schnappilied vor sich hin sang, nur mit pantomimischen Mundbewegungen, während er den Papiersack schon bereithielt und dann ebenfalls pantomimisch einen Schrei losließ und den Sack »köpfte«. Auch wenn diese Szene so recht nach dem Geschmack der Buben war, hatten auch die Mädchen ihren gehörigen Spaß daran. Wir sangen im Unterricht immer wieder das Schnappilied, tanzten sogar dazu eine Polonaise durchs Klassenzimmer und es kam ordentlich »Leben in die Bude.« Trotzdem war das Ganze beileibe nicht nur irgendein aktionistischer Schnickschnack, sondern es war lebendige Mathematik und jeder meiner Schüler, wirklich jeder, verstand, wie man subtrahiert mit Zehnerunterschreitung.

Zum Abschluss dieser turbulenten Schnappi-Sequenz berichte ich noch von Marius, einem meiner Matheschüler, der irgendwann im Lauf der 2. Klasse, aus heiterem Himmel und im besten Bairisch, zu mir sagte: »Du, du bist mir fei die Allerliaber«, was auf Hochdeutsch bedeutet: »Du, du bist mir nämlich die Allerliebste!« Diese Erklärung fand ich zwar sehr schmeichelhaft, konnte sie aber nicht recht einordnen, denn gerade Marius war ein richtiger Schlingel, der sich zwar in meinem Unterricht ordentlich benahm, dem aber der Schalk aus den Augen schaute und der bei jedem Unfug vorneweg dabei war. Also wandte ich ein: »Aber Marius, bei mir musst doch immer so viel denken!« »Ja, des scho«, gab er zu, »aber woaßt, bei dir mach' ma allerweil voll geile Sachen!«

Die Schnackelfischer

Ein letztes Szenario möchte ich noch vorstellen. Es hat thematisch zu tun mit der Gesetzmäßigkeit, nach der bei Additionen und Subtraktionen Stellen überschritten werden. Das Einschätzen von Zahlenbeziehungen ist wichtig und es sollte in der zweiten Klasse auch auf einen Blick gesehen werden, ob es bei einer Addition oder Subtraktion über bzw. unter eine Zehnergrenze geht oder nicht. Bei Additionen helfen uns die Bausteine, die wir in der ersten Klasse beim Ergänzen auf zehn gesammelt haben. Bei Subtraktionen muss das Verständnis noch tiefer sein, denn es reicht für das Öffnen des Zehnersackes nicht, einfach nur die einzelnen Kugeln bis zur Zehnergrenze abzuräumen – nein, es muss der Subtrahend immer mindestens um eins größer sein als die »Kugelzahl«.

46 – 6	Hier wird der Zehner noch nicht »geknackt«.
46 – 7	Jetzt muss der Zehnersack geöffnet werden.

Wir beschäftigen uns im Unterricht mit der Gesetzmäßigkeit, nach der es – im bairischen Dialekt ausgedrückt – »schnackelt«, was man ungefähr mit »umspringen« übersetzen könnte, aber ein originär hochdeutsches Wort als exakte Entsprechung hierfür fällt mir nicht ein. Über das Anlegen von Schnackelzahl-Tabellen und weitere Übungen habe ich in meinem Rechenbuch ausführlich geschrieben (Buchner 2012a S. 207–212). Hier geht es mir um die spielerische Variante, wieder im Hinblick auf das Ansprechen und Miteinbeziehen von Emotionen.

Im Klassenzimmer lege ich ein großes blaues Tuch aus, das soll einen Teich darstellen. In diesem Teich schwimmen Zahlen – das sind die Fische. Der Teich hat einen

Namen, das ist ein bestimmter Operator, z.B. +7 oder –5. Auf einer Seite steht nun ein Schüler, der der »Schnackelfischer« ist. Er hat auch einen Eimer mit entsprechender Beschriftung vor sich. Auf der anderen Seite steht der »Nicht-Schnackelfischer«, ebenfalls mit passendem Eimer. Nun fischen die beiden jeweils die Zahlen, die in ihren Eimer gehören. So darf sich der Schnackelfischer aus dem Teich mit dem Operator +6 z.B. die Zahlen 45, 68, 34 usw. herausfischen, denn dieser Operator führt dazu, dass ein weiterer Zehnersack gebraucht wird. Dem Nicht-Schnackelfischer hingegen gehören Zahlen wie 21, 73, 42 usw., denn bei ihnen führt die Addition »+6« nicht zu einem neuen Zehnersack. Gewonnen hat, wer mehr Fische erwischt. Zum Schnackelfischer-Thema gibt es auch Arbeitsblätter und verschiedene Übungen im Heft. Auch hier wird durch das Spiel mehr angesprochen als nur die reine Kognition, durch die Handlung wird der Scheitellappen im Gehirn aktiviert – kurz: wir erzielen mehr nachhaltige Wirkung als durch bloßes »papierenes« Rechnen.

Wenn die Liebe durch den Magen geht ...

... dann wäre es doch eigentlich ganz geschickt, sich dieses Eingangstor zu positiven Emotionen auch nutzbar zu machen. Ein gut geeigneter Zeitpunkt für eine kulinarische Unterbrechung des Unterrichtsalltags ist gekommen, wenn der Ziffernschreiblehrgang beendet ist und die Kinder nunmehr das ganze Rohmaterial für den Einstieg in die unendliche Zahlenwelt zur Verfügung haben. Das gemeinsame Backen von Zahlenkeksen verbindet einige Ebenen, deren Zusammenarbeit in jedem schulischen Kontext höchst hilfreich ist:

- Das Tun aktiviert Hirnareale, die im bloßen Papierunterricht brachliegen, für das Lernen aber wichtig sind (Stichwort: Das Wo-Areal im Scheitellappen).
- Das Gemeinschaftserlebnis schafft eine positive emotionale Grundstimmung: Schule ist ein Ort, an dem zu sein sich lohnt.
- Das Formen der Zahlen aus Plätzchenteig und das spätere gemeinsame Verspeisen helfen, sich diese im wahren Wortsinn »einzuverleiben«.

Dieses Plätzchenbacken lässt sich so einfach organisieren. Ich bitte dafür Mütter um Hilfe, die mir den Plätzchenteig liefern, für je vier Kinder eine Teigmenge.

Rezept für einfachen Plätzchenteig: 125 g Butter, 250 g Zucker, 750 g Mehl, 4 Eier, 2 Päckchen Vanillezucker, 1 Päckchen Backpulver; alles gut zusammenkneten und bei 190 Grad goldgelb backen.

Dieser Teig ist der »ultimative« Allzweckteig für Buchstaben und Zahlen. Er lässt sich formen wie Plastilin und die Kekse schmecken gut, solange sie frisch sind, müssen also nach Möglichkeit in den nächsten Tagen verspeist werden.

Vorher aber kann jede Vierergruppe eine Plätzchenausstellung machen: Die fertigen Werke können auf Tüchern drapiert werden, entweder in einer Folge von 1 bis 9 oder nach irgendeinem anderen Kriterium, das den Kindern einfällt: Nach »Herstellern« geordnet oder nach den Formen: nur gerade Striche, kurvige Formen usw.

In dieser Unterrichtseinheit wird keine Zeit vergeudet, wie man bei unverständigem kurzem Hinschauen auf diese Aktivität vielleicht vorschnell urteilen könnte. Hier wird an den mathematischen Wurzeln gearbeitet, die in das Unbewusste hinab reichen: Zahlen sind schön, Rechnen ist schön. Diese Botschaft ist es doch wirklich wert, hierfür etwas zu tun.

Und überhaupt: Das ganze »kulinarische Prinzip« ist es wert, auch nach der ersten Klasse im Mathematikunterricht Beachtung zu finden. Was kann da nicht alles gemacht werden: Abmessen, Wiegen, Umrechnen von Rezeptangaben. Mit jener dritten Klasse, die ich schon mehrmals erwähnte, habe ich zum Beispiel Zahlenkekse gebacken, um mit ihnen mehrstellige Zahlen zu legen, deren Pendant dann auch noch mit Hunderterschachteln, Zehnersäcken und Perlen dargestellt wurde.

Am besten und wirkungsvollsten ist es natürlich, von Beginn der Schulzeit an die positiven Emotionen der Kinder für das Rechnen als wertvolle Ressource zu nähren, zu hegen und zu pflegen, auf viele verschiedene Arten, und eben auch auf diese: »Kochen« und Essen.

Im Wald und auf der Heide

»Im Wald und auf der Heide, da find ich meine Freude«, heißt es im Volkslied. Freude ist ein unschlagbarer Motor für alles, was wir tun und mit Kindern ins Freie zu gehen macht Freude. Draußen gibt es viele mathematische Tätigkeitsfelder: Man kann Strecken abgehen, um ein Gefühl für Längen zu bekommen. Im Wald kann man Hecken und Baumabstände vermessen. Wir können nach in der Natur erhobenen Originalmaßen maßstabsgetreue Zeichnungen von Wiesen und Waldgrundstücken anfertigen. Die Fibonacci-Zahlen finden sich an Pflanzen, Korbblütlern, Fichtenzapfen usw. Über diese wunderbare Zahlenfolge ist im Internet einiges zu finden (z.B. https://www.was-darwin-nicht-wusste.de/wunder/mathematische-ueberraschungen.html) oder auch in der Literatur (Dahl/Nordqvist 1996, S. 40–42).

Auch das Sammeln von Steinen und das Ordnen dieser Steine nach gefühltem Gewicht ist eine sinnvolle Aktivität. Es ist hier nicht der Platz, um alles im Einzelnen aufzuführen und zu erklären. Vielmehr ist es mir wichtig, grundsätzlich auf die großartigen Möglichkeiten hinzuweisen, die sich ergeben, wenn man immer wieder einmal den engen Rahmen von Klassenzimmer und Schulhaus hinter sich lässt und draußen tätig wird. Noch einige Stichpunkte zur Anregung:

- Sprungweiten von Eichhörnchen im Wald vermessen: Von wo nach wo kann es springen?

- Baumarten zählen: wie viele Tannen, Fichten, Laubbäume usw. und Säulendiagramme zeichnen
- Fichtenzapfen sammeln, auf die Heizung legen, Samen aufsammeln und wiegen: wie viele Zapfen muss ein Eichhörnchen verstecken, um 20, 30, 50 gr Futter zu bekommen?
- Ameisen beobachten – nachschlagen, das Wievielfache ihres Körpergewichts sie schleppen können. Wie viel wäre das umgerechnet auf mein Gewicht?

Die Quintessenz des Ganzen

Mathematik ist ein Fach, das für emotionale Anreicherungen bestens geeignet ist, ich finde sogar: am besten geeignet. Ob Sie den Zahlenstrahl und das Stellenwertsystem durch Spiele und bewegtes Rechnen zum Leben erwecken (was auch in der 3. und 4. Klasse noch gut möglich ist), ob Sie dramatisch mit Handpuppen arbeiten, draußen in der Natur als Mathepfadfinder unterwegs sind oder mathematisch kochen: Dieses Fach bietet viele Facetten und Sie sollten sich ihrer bedienen, das kann ich Ihnen nur eindringlich ans Herz legen. Denn über das Einbeziehen der emotionalen Dimension steigt die Wirksamkeit unseres Unterrichts um ein Vielfaches und wir nähern uns dann im Hinblick auf die Minimierung des Dyskalkulie-Risikos spürbar der Null-Marke.

Ich glaube, Sie können nun gut verstehen, warum Mathematik für meine Schüler absolute Hitqualitäten besaß. In meiner letzten Matheklasse, die ich vier Jahre unterrichtete, rückten meine »großen« Viertklässler gegen Ende des Schuljahres noch mit einer dringenden Bitte heraus: Sie wollten ein letztes Mal den Fünferräuber im Unterricht haben, bevor sie unsere Schule verlassen mussten. Dieser Wunsch spricht Bände und dem ist nichts hinzuzufügen.

The Bazar is open – es muss gehandelt werden

Über den Einsatz von Rechenmaterial kursieren allerlei Gerüchte, die schleunigst aus der Welt geschafft werden sollten. So glauben nicht nur Eltern, sondern auch viele Lehrer allen Ernstes, es sei höher zu bewerten, wenn ein Schüler ein Ergebnis ohne Materialbenutzung zustande bringe als wenn er dieses sinnvoll einsetze. Freilich, wer nur an den Fingern abzählt oder auch Steckwürfel nur zählend benutzt, der ist noch nicht sehr weit in die Anfangsgründe der Mathematik vorgedrungen. Aber gerade in der ersten und zweiten Klasse gibt es zuhauf Kinder, die richtige Ergebnisse ohne Material produzieren und trotzdem nur eine sehr ungefähre Ahnung von dem haben, was da mathematisch geschieht.

Wie kann so etwas überhaupt sein? Wie ist es möglich, dass Kinder zwei Jahre lang als »Undercover-Dyskalkuliker« durchs Schulleben kommen und erst in der 3. Klasse zur Überraschung und zum Entsetzen aller die mathematische Bombe platzt?

Das Durch-die-Maschen-Schlüpfen wird diesen Kindern meines Erachtens vor allem dadurch erleichtert, dass der Trugschluss herrscht: richtiges Ergebnis bedeutet Verständnis. Hier sind Lehrer und Eltern also in eine der Fallen getappt, die es im elementaren Rechenunterricht reichlich gibt. Ein weiterer Grund ist sicher die Geringschätzung des Arbeitens mit Material. Das ist nicht nur didaktisch leichtsinnig, sondern durch den Verzicht auf Material beraubt der Lehrer sich auch selbst der Möglichkeit, Rechenprozesse aufmerksam zu verfolgen. Nun ist aber ein »falsches« Ergebnis, das nach einem schlüssigen Denkprozess ermittelt wird, weit besser als ein »richtiges« Ergebnis, das ohne Sinn und Verstand »irgendwie« abgezählt wurde.

Ich höre manchmal von Kolleginnen in einer Fortbildung: Die Kinder wollen aber nicht mit Material rechnen. Das klingt jetzt vielleicht sehr überheblich, aber da habe ich nur eine Meinung: In diesem Fall wird etwas falsch gemacht. Wenn ich in einem Zeugnis lese: »Maria kann jetzt schon ohne Material rechnen«, dann weiß ich, woher der Wind weht. In dieser Klasse herrscht die Auffassung: »Mit Material« ist für die Doofen und »ohne Material« ist für die Schlauen. Wenn das Material von berufener Seite – und als solche wird die Lehrerin nun einmal wahrgenommen – so übel beleumundet wird, dann müssen wir uns natürlich nicht wundern, dass keiner damit arbeiten will. Wer will schon doof sein? Eine weitere pädagogisch ungeschickte Umgangsweise mit Material kann sein, dass es zu wenig klar und strukturiert ist, oder dass sein Einsatz sehr eintönig und immer nur auf eine Weise erfolgt: Wenn Kinder ständig nur Zehnerschiffchen auffüllen sollen, dann ist das wahrscheinlich weniger spannend als wenn sie dem Fünferräuber Knödelteller füllen, der Zehnerliesel Säcke abpacken und mit Schnappi sogar richtig »blutrünstig« werden. Aber das ist sicher nicht die alleinige Erklärung. Ich halte es für absolut notwendig, dass Sie selber als Lehrerin den Wert des Materials erkennen und Ihr Hauptaugenmerk auf den Prozess und nicht nur auf das Ergebnis richten.

Wenn von Anfang an klar ist, dass für Sie das sinnvolle Legen mit Material von höherer Denkqualität ist als das bloße Zusammenbasteln von Ergebnissen, dann wird das enorm aufgewertet. Ich vertrete entschieden die Bedeutung des Einsatzes von Material und habe dafür auch einen »Werbespruch«, den ich in der ersten Klasse immer wieder einmal vorbringe. Bitte erschrecken Sie nicht ob der klaren Ansage, aber dieser Spruch ist vielfach bewährt, hat bisher alle Kinder überzeugt und spricht mir aus der Seele, denn das ist mein ehrlicher Standpunkt.

Ich sage also: »Kinder, richtige Ergebnisse sind gar nicht so wichtig. Wisst ihr, richtige Ergebnisse, die bringt jeder Depp raus. Ihr aber seid keine Deppen. Ihr seid schlaue Kinder. Und wer eine Aufgabe mit Material legen kann, der muss sie vorher erst einmal verstehen. Das sind die richtigen Denker! Das seid ihr!« Erst neulich sprach ich mit einer Kollegin über dieses Materialdilemma, denn auch sie klagte über die Unlust der Kinder und meinte, gerade die schwachen Rechner würden sich besonders widerborstig zeigen. Als ich ihr von meinem Werbeslogan erzählte, meinte sie: »Guter Trick!« Merken Sie was? Da sind wir genau an dem wunden Punkt: Es gibt in unserem Metier keine Tricks, es gibt nur gute, solide und ehrliche Arbeit. Wenn ich mit einem Trick die Kinder überlisten will, damit sie ihr Rechenmaterial einsetzen, dann wird das nicht klappen. Ich selbst muss mich intensiv genug mit dem elementaren Rechenunterricht auseinander gesetzt haben, um grundsätzlich erst einmal den Wert des langsamen Verinnerlichens – von der Handlung zum Symbol – zu begreifen und dann auch passende und zielführende Materialien zu verwenden.

Mit Material zu arbeiten heißt zunächst einmal, Rechnungen handelnd zu vollziehen. Wie das in der ersten Klasse zu verstehen ist, wurde bereits deutlich. Aber auch in den restlichen Grundschuljahren lässt sich gerade das in Säckchen oder Schachteln abgepackte Perlenmaterial sehr gut einsetzen, wenn es z.B. um das halbschriftliche Addieren und Subtrahieren, um Stellenwertüber- oder -unterschreitungen oder um Malnehmen und Teilen geht. Gerade diese beiden Verfahren, die 3. und 4. Grundrechenart, müssen erst einmal be-griffen werden, bevor es ans Auswendiglernen geht.

Wer 7-mal jeweils drei Perlen auf Pfeifenreiniger fädelt, hat doch mehr Vorstellung von dem, was hinter dem »Mal« steckt als einer, der das nur als Reihenaddition aufschreibt.

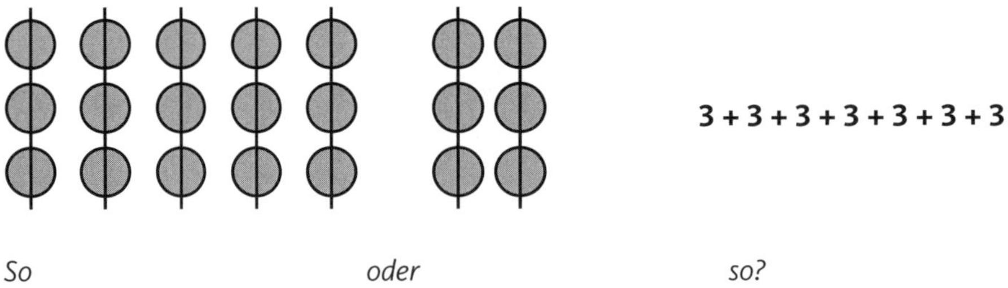

So *oder* *so?*

Und erst das Verteilen und Aufteilen! Da ist ja das Verstehen reine Glückssache, wenn nicht zu einer Aufgabe auch gehandelt wird. Z. B.: Tante Lilli hat eine Packung Kekse mit 24 Stück. Sie verteilt die Kekse an Martin, Sarah, Tina und Peter. Wie viele Kekse bekommt jeder?

Die Kinder spielen Karten. Auf dem Stoß liegen 24 Karten, die ausgeteilt werden. Jeder bekommt vier. Wie viele Kinder können mitspielen?

24 : 4 = 6

Wer nur das Ergebnis »6« nennen kann, ohne die zur jeweiligen Geschichte passende Teilungsaufgabe auch korrekt legen zu können, der hat wahrscheinlich nur das gemacht, was viele Kinder tun, wenn sie im Rechenunterricht ratlos sind: Sie versuchen herauszubekommen, was die Lehrerin hier wohl haben möchte. Das ist bei den beiden Aufgaben einfach, kommt doch das Schlüsselwort »teilen« vor. Also wird geteilt. Was genau das Ergebnis bedeutet und wie der Teilungsvorgang aussieht, ist vielen Kindern unklar. Aber: Sie haben ja ein richtiges Ergebnis. Dieses allein schon für einen Verständnisnachweis zu halten ist pädagogisch fahrlässig.

So viele Kinder haben einen Horror vor Sachaufgaben. Diesen Horror könnten wir ihnen so leicht nehmen, denn Sachaufgaben werden viel eher zugänglich, wenn erst einmal die Handlung Schritt für Schritt mit Material nachgespielt wird. Fast alle Sachaufgaben lassen sich irgendwie darstellen.

Denken Sie nur an Aufgaben wie: An einer Straßenseite sollen Bäume gepflanzt werden auf einer Strecke von insgesamt 200 m. Alle vier Meter steht ein Baum. Wie viele Bäume muss Gärtner Pfanzelt liefern? Mit dieser Aufgabe können wir nicht nur unser Gehirn handelnd in Aktion bringen, es macht auch Spaß, diese Allee erst einmal zu bauen. Statt 200 m kann man eine Strecke von 2 m nehmen und dann den Abstand zwischen den Bäumen auf 4 cm verringern. Plastilinkügelchen, am Rand der Strecke im richtigen Abstand verteilt, mit einem senkrecht hineingesteckten Streichholz als Baum, und schon ist das Kunstwerk fertig. Da kann erst gebaut, dann gezählt, dann reflektiert und zum Schluss erklärt werden. Gerade die Buben sind von derartigen Aufgaben begeistert, aber Spaß daran haben alle. Es können ja auch sogar alle Sitzgruppen einer Klasse ihre jeweils eigene Allee bauen, mit unterschiedlichen Zahlenangaben. Es ist ist mir unverständlich, warum im Unterricht das Handeln so sehr zu kurz kommt.

Wie bei so vielem sind allerdings hier die ersten Schuljahre entscheidend. Wenn Material von Anfang an in Verruf gerät, nur für die Dummen zu sein, dann kostet es mehr Überzeugungskraft, die Schüler später dafür zu erwärmen. Aber, das ist das Ergebnis meiner eigenen Erfahrung: es gelingt. Wir Lehrer müssen den Wert erkennen und zu diesem Wert auch stehen, das ist der springende Punkt. Ich hatte jedenfalls nie Schwierigkeiten, meine Schüler von der ersten bis zur vierten Klasse bei der Stange, oder besser: am Material, zu halten.

Handeln – eine veritable »Geheimwaffe«

Vielen Lehrkräften ist gar nicht bewusst, welche mächtige Waffe gut strukturiertes und zwingendes Handeln im Kampf um die armen verirrten Matheseelen darstellt.

Wenn ein ratloser Erst- oder Zweitklässler vor der Aufgabe 14 – 8 sitzt und sich gottlob dadurch outet, dass er sich beim Rückwärtszählen immer um eins vertut, weil er die Sache so angeht :»14 – 13 – 12 – 11 – 10 – 9 – 8 – 7«, dann wird im Regelfall das Zweischrittverfahren (erst bis zur 10, dann weiter) mit Worten erklärt und vielleicht nochmal erklärt und nochmal erklärt. Was geschieht? Der arme Schüler wird wahrscheinlich immer verwirrter werden, sich irgendwann ein eigenes Verfahren mit kognitiven Hilfskonstruktionen zurechtbasteln und dann vielleicht sogar richtige Ergebnisse hinbekommen. Das ist das Schlechteste, denn dann ist er fürs Erste unserer Aufmerksamkeit entwischt und kann »Undercover« weiterwursteln. Wenn ich nun zum Einsatz von Material rate, dann meine ich natürlich nicht, dass der Schüler einfach 14 Steckwürfel, Rechenplättchen oder Perlen auf den Tisch zählen und von diesen ebenfalls zählend acht wegnehmen soll. Das wäre ein völlig unsinniger Materialeinsatz. Nein – Material wirkt nur dann auch zielführend, wenn es so strukturiert ist, dass sich mit seiner Verwendung eine mathematische Operation denkend erschließen lässt.

Nicht das Zurückzählen kann also der Sinn des konkreten Handelns sein. Ich sehe auch im Verwenden eines Zwanzigerrahmens oder im Einsatz von Steckwürfeln das dekadische System nicht zwingend veranschaulicht. Im Zwanzigerraum könnte ich mir den Einsatz eines Eierkartons noch als einigermaßen sinnvoll vorstellen. Das Material, mit dem ich über viele Jahre von der 1. bis zur 4. Klasse nur gute Erfahrungen gemacht habe, sind allerdings die schon vielfach erwähnten Perlen, die in unterschiedlich großen Einheiten, je nach Stellenwert, abgepackt sind.

Legen wir unserem Kandidaten – nennen wir ihn Marco – nun statt irgendwelcher Erklärungen das Perlenmaterial hin, so ergibt sich das Weitere zwingend (siehe hierzu auch S. 90 f.): Ich führe den bereits vorgestellten Minusvorgang in diesem Kontext noch einmal aus.

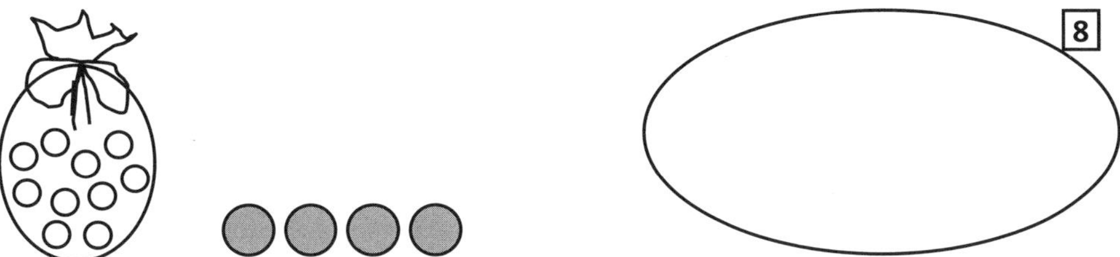

Marco kann in einem ersten Schritt nur die vier einzelnen (blauen) Kugeln in den Tresor legen.

In einem zweiten Schritt muss er den Zehnersack öffnen und ausleeren. Nun kann er weitere vier (rote) Kugeln in den Tresor legen, die acht Kugeln sind vollständig. Und weil im Tresor vier blaue und vier rote Kugeln sind, ist sogar der zweischrittige Vorgang noch einmal zu rekonstruieren. Wenn nun die Gleichung noch mit den zur Handlung passenden Pfeilen versehen wird, dann hat Marco den Minusprozess mit Zehnerunterschreitung einmal sinnvoll und verständig durchlaufen.

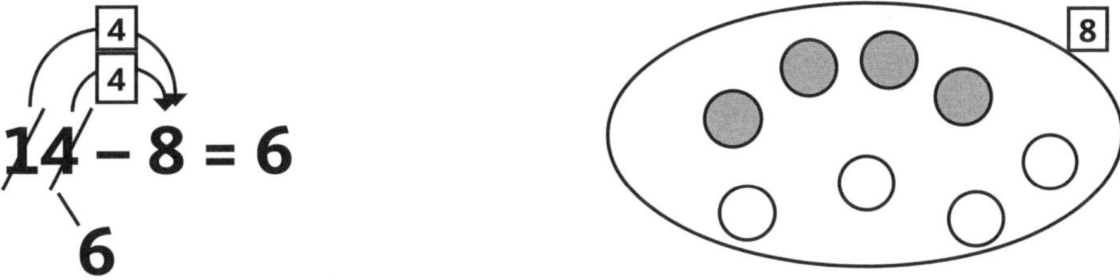

So hat Marco im Unterricht ganz nebenbei und unspektakulär eine kleine Nachhilfeeinheit bekommen.

Der Geheimtipp lautet: Verwirrung und Unverständnis beim abstrakten symbolischen Rechnen können nicht auf der ebenfalls abstrakten verbalen Ebene geklärt werden. Der Zugang zum Verständnis erfolgt nonverbal, über strukturiertes Handeln mit zwingendem Material (in unserem Fall wird durch den verschlossenen Zehnersack das zweischrittige Handeln »erzwungen«).

Das Handeln soll deshalb unbedingt immer dann ins Spiel kommen, wenn beim abstrakten Rechnen Verständnisprobleme auftauchen, aber selbstverständlich nicht nur dann, das wurde sicher bereits deutlich.

Keine Lehrkraft kommt an dem systematischen Aufbau für das Verinnerlichen von mathematischen Operationen vorbei, den der geniale Didaktiker Hans Aebli schon vor vielen Jahren erstmals formuliert hat (Aebli 2011):

- Die Hinführung zu einem Thema erfolgt immer über das konkrete Handeln.
- Zur Handlung kann ein Bild gestaltet werden, aus dem die Handlung noch nachvollziehbar wird.
- Die Handlungsschritte werden symbolisch dargestellt (z. B. als Gleichung).
- Erst nach geraumer Zeit und nach häufigem Durchlaufen der ersten drei Schritte werden Aufgaben automatisiert, also auswendig gespeichert.

Wenn nun auf der symbolischen Ebene Verwirrung und Unsicherheit zu beobachten sind, dann stellt es den Königsweg dar, sofort wieder zurück zur Stufe des Abbildens (also des Zeichnens) oder am besten gleich zum Handeln zu gehen. Das Perlenmaterial ist universal verwendbar, für alle vier Grundrechenarten. Darüber hinaus kann aber auch beim Sachrechnen alles damit dargestellt werden, denn die einzelnen Perlen können wunderbar als bewegliche Gegenstandssymbole eingesetzt werden. Und außerdem sind ohnehin Ihrer Fantasie keine Grenzen gesetzt (siehe die Aufgabe mit der Allee, S. 100). Wichtig ist, dass Ihnen der Wert des Handelns bewusst ist und Sie wirklich konsequent in jedem einzelnen Fall daran denken, diese »Wunderwaffe« einzusetzen. Das ist organisatorisch überhaupt nicht schwierig, wenn Sie immer eine Materialkiste greifbar haben und die selbständige Arbeit Ihrer Schüler so offen gestalten, dass der Einzelne problemlos nach oben oder auch zur Seite einmal »ausscheren« kann (s. hierzu auch Buchner 2017, S. 170–191).

Bewegung – die kleine Schwester des mathematischen Handelns

Eine Möglichkeit, ganz allgemein Bewegung in den Unterricht und damit auch Aktivität in die mathematisch relevanten Hirnareale zu bringen, bieten systematisch aufgebaute Bewegungssequenzen im Unterricht (Buchner 2017, S. 199 ff. und Buchner 1997). Ich habe beste Erfahrungen damit, zu Beginn einer Rechenstunde erst einmal fünf Minuten schwungvolle Gymnastik einzusetzen. Mit meinen Erstklässlern übte ich zunächst immer grundlegende Bewegungsmuster, wie z. B. die Beine und Arme gezielt zu bewegen wie ein Storch, der abwechselnd auf der Stelle stakst und dann wieder nur mit den Flügeln schlägt. Als ich das in einer ersten Klasse am Elternabend vorstellte und auch meine Beweggründe hierfür erläuterte, musste Sarahs Mama lachen. »Jetzt verstehe ich, was damit gemeint war«, sagte sie und erklärte, auf ihre Frage, was denn im Matheunterricht gemacht werde, habe ihre Tochter geantwortet: »Da storchen wir!« Und so recht habe sie sich das eigentlich nicht vorstellen können.

Eine besonders wirkungsvolle Variante der Bewegung bietet alles, was mit geschlossenen Augen gemacht wird. Hier werden die propriozeptiven Systeme aktiviert und trainiert und das kann für manche Kinder einen regelrechten Durchbruch bedeuten. Das erlebte ich mit meinem Schüler Sebastian, der in der zweiten Klasse plötzlich einen »Rückfall« beim Subtrahieren erlitt. Ich weiß gar nicht mehr, was mich auf die Idee brachte, ihm könne ein Trainieren der Propriozeption helfen, um seine Vorstellungskraft zu stärken. Aber ich hatte diese Idee und sie erwies sich als hilfreich. Ich ließ Sebastian zunächst mit verbundenen Augen Perlen in den Tresor schieben, Säckchen öffnen und dazu versprachlichen, was er gerade machte. Diese Einzelzuwendung konnte ich in der Freiarbeitsphase bequem einsetzen, denn es waren ja alle anderen Kinder gut beschäftigt. Das blinde Handeln führte bei Sebastian zum erfolgreichen Vorstellen und damit zu einem geläufigeren Durchführen der Subtraktion. In einem nächsten »Therapieschritt« ließ ich ihn vor dem Minusrechnen nur noch mit verbundenen Augen Gymnastik machen, in erster Linie Überkreuzbewegungen. Danach gelang es ihm problemlos, die Subtraktionen ohne konkretes Handeln, nur noch mit der Notation über Tresor und Pfeile, richtig auszuführen. Nach kurzer Zeit konnte das gymnastische Intermezzo entfallen, Sebastian subtrahierte korrekt. Nach geraumer Zeit folgte noch einmal eine Phase der Unsicherheit, die wir aber mit dem »Blind-Turnen« gut überwanden und ab dann war die »Minus-Vorstellung« bei Sebastian stabil.

Wie geht es weiter?

Noch einmal möchte ich auf das zurückkommen, was ich zu Beginn dieses Kapitels sagte: Rechnen ohne Material ist beileibe nicht zwangsläufig mehr wert als das Rechnen mit Material. Beides, sowohl das eine als auch das andere, kann völlig denkfrei und sinnlos einfach nur heruntergeleiert werden. Im ersten Fall geschieht das durch mechanisches Befolgen von Algorithmen, im zweiten Fall durch zählendes und unstrukturiertes Verwenden von Anschauungsmitteln.

Sie müssen also in jedem Fall ein scharfes didaktisches Auge auf die Qualität der Prozesse haben. Die Sorge, dass gut strukturiertes Material, das so verwendet wird, wie ich es z. B. im Fall von Marco beschrieben habe, abhängig macht und Kinder dann »ewig« nicht zum nur symbolischen Rechnen finden, ist völlig unbegründet. Die Abhängigkeit wäre dann ein Thema, wenn das Material als Krücke für das Zusammenbasteln von Ergebnissen benützt würde, deren Zustandekommen im Dunkeln liegt und vom Schüler überhaupt nicht verstanden wird. Das wäre dann der Fall, wenn von einer ungeordneten Menge von 14 Perlen einfach acht weggenommen würden und das Ergebnis dann nur abzählend ermittelt würde, ohne Einsicht in die dekadische Gliederung. So angewendet wie in Marcos Beispiel jedoch hilft das Material auf den rechten Denkweg und wird ganz von alleine überflüssig, bei dem einen Kind früher, bei dem anderen später, bei manchen Kindern auch »intervallisch«, indem ihr Lernweg immer wieder einen kleinen Rückfall beinhaltet, der durch temporären Materialeinsatz ausgeglichen wird, so lange, bis sie wirklich sicher sind. Einen derartigen Lernweg beschritt z. B. mein Schüler Simon, über den ich noch berichten werde (s. S. 124).

Wir Lehrer müssen uns hüten, Kinder zu drängen, es doch auch einmal ohne Material zu versuchen, denn dann entsteht genau jene in meinen Augen verhängnisvolle Verknüpfung:

Rechnen mit Material = minderwertig.
Rechnen ohne Material = gleichbedeutend mit schlau sein

Meine Beobachtung über viele Jahre hat mir gezeigt: Wer etwas wirklich verstanden hat, kann es mit strukturiertem Material legen und kann erklären, was er da tut und warum er das tut. Wer etwas wirklich verstanden hat, kann auch eine strukturierte Gleichung anschreiben, mit Minuspfeilen oder Zehnersäckchen.

Wer etwas nicht verstanden hat, kann es auch nicht mit diesem strukturierten Material legen und schon gleich gar nicht erklären. Wer also hat die Sache besser verstanden? Da müssen wir uns sehr genau überlegen, welche Botschaften wir explizit oder auch nur nonverbal in die Welt setzen.

Das unschlagbare Trio: Denken – Fühlen – Handeln

Wenn wir den Zugang zur Welt der Mathematik so gestalten wollen, dass alle Kinder eine echte Lernchance erhalten, dann müssen wir auch alle drei bisher angesprochenen Faktoren berücksichtigen:

Das bedeutet für den Unterrichtsalltag, dass die Aufforderung zum Denken in konkretes Handeln verpackt werden muss, aus dem sich allmählich erst die Schönheit und Klarheit der mathematischen Symbolik herausschälen. Und all das, was wir im Unterricht tun, muss immer auch geplant und gestaltet werden im Hinblick darauf, wie es in der Gefühlswelt der Kinder ankommt. Erfolg entsteht nicht allein durch gut strukturierte kognitive Inhalte und nicht allein durch Freude an der Sache und auch nicht allein durch das Hantieren mit Dingen, sondern es muss sich eines aus dem andern entwickeln und eines zum andern passen. Dann, und nur dann, haben wir alles unternommen, um das Dyskalkulierisiko drastisch zu senken, oder, wie ich eigentlich glaube, es auszuschalten.

Im Zusammenspiel sind diese drei Komponenten unschlagbar. Doch das wäre ja eigentlich nichts Neues, denn wir kennen das bereits aus den Schriften Pestalozzis, der die Einbeziehung von Kopf, Herz und Hand als wesentlich für eine Elementarbildung darstellte, welche »die Entfaltung der Kräfte und Anlagen des Menschen zum Ziel« hat (Driesch/Esterhues 1961, S. 89). Welch wichtige Aufgabe der »rechte Zugang« zum Kopf hat, wird aus dem folgenden Zitat noch einmal deutlich:

> *»Der erste Unterricht des Kindes sei nie Sache des Kopfes, er sei nie Sache der Vernunft, er sei ewig die Sache der Sinne, er sei ewig die Sache des Herzens.«*
>
> *Pestalozzi in Driesch/Esterhues 1961, S. 85*

Und bereits 1658, also 150 Jahre vor Pestalozzi, schrieb der große Johann Amos Comenius im Vorwort zu seinem Orbis Pictus:

> *»Die Grundlage dieser Sache ist, dass die sinnlich wahrnehmbaren Dinge den Sinnen richtig präsentiert werden, damit es unmöglich ist, sie nicht zu begreifen. Ich sage und wiederhole mit lauter Stimme, dass dieses Letztere die Grundlage aller übrigen Dinge ist weil wir weder verständig handeln noch reden können, wenn wir nicht vorher alles, was zu tun und wovon zu reden ist, richtig verstehen … Da es nun gewöhnlich in den Schulen vernachlässigt wird und die Schüler einen Lernstoff vorgesetzt bekommen, der weder verstanden noch den Sinnen richtig präsentiert wird, kommt es dazu, dass die Arbeit des Lehrens und Lernens mühsam vorangeht und geringe Frucht trägt.«*
>
> *Übersetzung aus dem Lateinischen von Uvius Fonticula, Frankfurt a. M., 2012, S. XXV, Hervorhebungen von Comenius*

So berücksichtigen wir nicht nur die Erkenntnisse moderner Forschung, wenn wir unseren Rechenunterricht so gestalten, dass er wirklich im Gehirn der Kinder landen kann, sondern wir stehen auch in bester pädagogischer Tradition.

Angst macht dumm – über den konstruktiven Umgang mit Fehlern

Wer weiß denn schon, was richtig ist?

Mir kann niemand einreden, schulische Noten seien auch nur halbwegs gerecht in dem Sinn, dass sie wirklich ein zutreffendes Bild des Kindes zeichneten. Mit diesem Urteil über den Wert schulischer Noten stehe ich übrigens nicht alleine da. Eiko Jürgens führt in seinem Klassiker »Leistung und Beurteilung in der Schule« eine Reihe von Untersuchungen an, die genau das belegen und kommt zu einem ernüchternden Resümee:

> *»Zusammenfassend kann auf der Grundlage der genannten und weiterer Untersuchungen gesagt werden, dass die Zensuren weder in ausreichendem Maße Objektivität (Durchführungs- und Auswertungsobjektivität) noch Reliabilität und Validität beanspruchen können[...] Der Prozess der Notengebung muss damit als Schätzverfahren und die Zensur als subjektives Schätzurteil auf vorwissenschaftlichem Niveau bezeichnet werden. Das eigentliche Messinstrument ist nicht die vorgegebene Zensurenskala, sondern die jeweils urteilende Lehrkraft.«*
>
> *Jürgens 2010, S. 70f.*

Liebe Kolleginnen, das soll kein Vorwurf an Sie sein, der Ihnen unterstellt, Sie würden ungerecht benoten oder einzelne Kinder gezielt bevorzugen oder benachteiligen. Nein, die Crux liegt in der Sache selbst und das sollte uns bewusst sein, denn dann gelingt es uns wahrscheinlich auch eher, auf der Skala zwischen »gerecht« und »ungerecht« ein bisschen näher an die Gerecht-Marke hinzurutschen. In meinen Augen ist ein ganz wesentlicher weiterer Faktor, der zu allen Unsicherheiten und Unwägbarkeiten der Notengebung noch erschwerend hinzukommt und der viele Kinder »dümmer« aussehen lässt als sie sind, die Angst, die so oft mit Schule und allem, was dazu gehört, verbunden ist. Da sind nicht nur die oft sehr unvernünftigen Erwartungen der Eltern zu beklagen. Auch im Unterricht selbst geschieht – ohne jegliche böse Absicht, davon bin ich überzeugt – vieles, was Kinder daran hindert, sich unbefangen ihrer Arbeit zu widmen. In keinem Fach sind falsch und richtig so klar und eindeutig zu benennen wie beim Rechnen. Darum ist es gerade in diesem Fach auch so wichtig, mit dem »Falsch« richtig umzugehen. Was würde denn unser Marco wohl denken, wenn er einige Male auf eine »falsche« Antwort eine abwertende Handbewegung, ein ungeduldiges »Nein, weiter« oder ein knallhartes »Falsch« als Reaktion der – von ihm im Regelfall ja gemochten – Lehrerin bekäme?

Er wäre zunächst einmal beschämt, würde alsbald resignieren und sich wohl etwas denken wie: »Das hat ja keinen Zweck! Ich brauch's gar nicht mehr probieren!« oder, noch schlimmer: »Ich bin einfach zu dumm!« Wenn es erst einmal so weit gekommen ist, dann steckt der mathematische Karren schon tief im Dreck und die einzige Rettung, die verzweifelte Eltern dann oft nur noch für ihr Kind sehen, ist eine Lerntherapie. Wenn sie an eine qualifizierte Kraft geraten, kann das für ein Kind wirklich die Rettung sein. Nur – ist es das, was wir für erstrebenswert halten? Doch sicher nicht. Es ist eine wunderbare und spannende Aufgabe für uns Lehrer, Kinder in die bunte Welt der Buchstaben und Zahlen zu begleiten und ihnen zu helfen, sich allmählich ein stabiles »Wissens- und Könnensfundament« aufzubauen. Was machen wir denn als Mutter oder Vater, wenn unser kleines Kind die ersten Wörter plappert? Verbessern wir es dann gleich oder tadeln es gar, wenn Konsonanten falsch gesetzt sind und Wörter verballhornt werden? Nein, wir sind entzückt und finden das alles ganz toll, geradezu genial. So schlau ist unser Kind! Und gerade diese freudige Reaktion spornt unsere Kinder zu Höchstleistungen an und sie lernen ganz von alleine und nebenbei, nur über das freudige Immer-wieder-Tun etwas so Komplexes wie die Muttersprache. Nicht auszudenken, wenn jedes falsch ausgesprochene Wort, jeder unvollständige Satz sofort eine negative emotionale Reaktion zur Folge hätte! Unsere Kinder würden weniger sprechen, vielleicht ganz damit aufhören, mit Sicherheit aber keine gedeihliche Entwicklung nehmen. Und nun denken Sie an die Situation in einer Schulklasse: Da sitzt ein heterogenes Grüppchen von Kindern, manche vorlaut und altklug, andere schüchtern und zurückhaltend, manche schon sehr weit in ihren Kenntnissen, andere noch völlig unbeleckt von dem, was in der Schule auf sie zukommt. Und alle diese Kinder werden nun miteinander verglichen. Wie schnell ist da ein Schüler an den Rand gedrängt, als »schwacher Schüler« vielleicht schon gedanklich auf dem Abstellgleis gelandet und entmutigt, bevor es überhaupt richtig losgeht. Ich habe so oft erlebt, dass Kinder, die anfangs nur langsam und eher schwerfällig in die Gänge kamen, sich bestens entwickelten und in der 3. und 4. Klasse plötzlich als Senkrechtstarter fest und sicher standen »wie ein Baum«. Aber diese Kinder brauchen erst einmal den Schonraum des angstfreien Lernens, die geduldige Begleitung einer wohlwollenden Lehrkraft und Zeit. Das ist etwas, was wir in der Schule einfach akzeptieren müssen: Nicht alle Kinder lernen im gleichen Tempo oder von der gleichen Ausgangslage ausgehend. Das heißt aber doch nicht, dass die zunächst etwas zurückliegenden Kinder – wenn wir diesen wertenden Vergleich einmal verwenden wollen – kein Potenzial hätten.

Keine Angst vor falschem Denken

Wie aber können wir nun den Angstpegel in unseren Klassen drastisch senken? Zuerst einmal dadurch, dass wir das mathematische Neuland langsam betreten und die Grundlagen sichern, wie es bereits besprochen wurde. Durch gemeinsames Tun, bei dem sich jedes Kind einbringen kann, werden die ersten Barrieren abgebaut, die Kinder am Mitmachen hindern, wenn das nur über den Weg des Exponierens geht. Denn bei den Spielen und Aktivitäten rund um die ordinale Zahlenreihe kann jeder auf seinem Niveau mitmachen, das ist ein sehr wirksames und vollkommen risikoloses »Warming up« für mathematisches Arbeiten.

Auch beim Werfen von Plättchen hat jedes Kind die Sicherheit, dass hier nichts falsch gemacht werden kann. Es gibt also, wenn man behutsam und überlegt an das elementare Rechnen herangeht, für jedes Kind etwas zu tun und niemand kann vorerst etwas falsch oder richtig machen, denn Ergebnisse sind nicht gefragt, nur das aktive Dabeisein. Das bleibt natürlich nicht immer so. Irgendwann werden dann auch Fragen gestellt und Antworten gegeben. Hier ist es ganz wichtig, alle Kinder von Anfang an auf den richtigen Umgang mit Fehlern und falschen Antworten »einzuschwören«. Dafür habe ich einen Slogan geprägt, der unser Rechnen von der 1. bis zur 4. Klasse begleitet. Kinder mögen keine ellenlangen Erklärungen und Predigten, sondern sie lieben kurze, knappe Statements, in denen aber trotzdem eine ganze Philosophie enthalten sein kann. Höchst amüsant auf den Punkt gebracht hat diese Art der Weltbetrachtung meine Tochter Maxi im Alter von vier Jahren. Die Familienphilosophie, die sie zum Ausdruck brachte, war, dass bei uns zu Hause nie der Zwang bestand, den Teller leer zu essen. Dahinter steckte einiges an pädagogischer Überlegung: Wir wollten das Thema Essen nicht mit der Bedeutung aufladen, die ihm unserer Beobachtung nach oft gegeben wurde und die durchaus auch in unserem Bekanntenkreis in einigen Fällen zu Erpressungsversuchen der Kinder und zu fragwürdigen Tauschgeschäften führte, wie z.B. »Du bekommst dein Eis erst, wenn du dein Gemüse gegessen hast!« Wir vertraten den Standpunkt, dass an einem reich gedeckten Tisch kein Kind verhungere und sich die vitalen Bedürfnisse schon durchsetzen würden, auch wenn bei einer Mahlzeit wenig bis nichts gegessen werde. Zumindest uns gab der Erfolg dieser Vorgehensweise recht, denn wir hatten mit unserer Tochter nie Essprobleme und sie hat heute, als erwachsene Frau, eine sehr vernünftige und maßvolle Einstellung zum Essen. Dieses ganze pädagogische Gebilde fasste nun unsere Tochter kurz und bündig zusammen. Sie war bei ihrer Kinderfrau »Tante Ilse« über das Wochenende »geparkt«, wo gleichzeitig die Mutter von Tante Ilse zu Besuch war. Als es nun Mittagessen gab, häufte Tante Ilse unserer Tochter in bester Absicht den Teller sehr voll und es war schließlich mehr drauf, als Maxi essen konnte, deshalb ließ sie einen Teil stehen. Von Oma Becker, wie sie genannt wurde, daraufhin ermahnt, doch auch den Rest noch zu essen, verschränkte Maxi die Arme, sah der Oma ins Gesicht und sagte ernsthaft und wohl auch mit einem gewissen belehrendem Unterton, wie es bei ernsthaften Gesprächen mit uneinsichtigen Erwachsenen manchmal ihre Art war: »Oma Becker, bei uns WIRD nicht aufgegessen!« Soviel zu knappen und dennoch umfangreichen Statements.

Unser mathematischer Slogan, der als das Mantra schlechthin unsichtbar immer über unserer Arbeit schwebte, wurde von mir zunächst einmal in einer »Solodarbietung« eingeführt. Da ich diesen Slogan vor allem zu Beginn unserer gemeinsamen Rechenlaufbahn aber sehr oft wiederholte, wurde recht bald daraus so etwas wie eine »Gemeinschaftsaufführung«.

Der didaktische Ort dafür ist immer dann gegeben, wenn z. B. ein Kind zögert und sich nicht so recht traut, wenn man die Klasse zu einem Brainstorming ermutigen will, wenn bei einer kniffligen Denkaufgabe zunächst einmal keiner den ersten Schritt wagt oder natürlich auch, wenn einer etwas falsch macht und nun vor Peinlichkeit und Scham nicht recht weiß, wohin mit sich.

In all diesen Fällen kommt mein bewährter Einsatz: »Falsch denken ist nicht schlimm. Das einzige, was schlimm ist, ist …« Und alle Kinder ergänzen im Chor: »… gar nicht denken!« Wenn dieser »Glaubenssatz« von Anfang an gepflegt wird, dann ist etwas Wesentliches getan, um Angst und unguten Gefühlen vorzubeugen.

Jede Antwort wird gewürdigt

Nun gibt es aber falsche Antworten, die erst einmal im Raum stehen und natürlich kann man sie nicht einfach so stehenlassen. Doch gerade falsche Antworten bieten reichlich Stoff zu Überlegungen: »Wie ist Sabine wohl da drauf gekommen? Sie hat ja nachgedacht und nicht einfach nur geraten. Lasst uns doch einmal gemeinsam überlegen, wo sie hier gedanklich falsch abgebogen ist.«

Gemeinsam mit Sabine kann man nun – wertschätzend, das versteht sich wohl von selbst! – den Denkweg noch einmal abschreiten. Alle lernen daraus und das ist das große didaktische Geschenk, das Sabine der Klasse macht. Wir haben Stoff zum »echten« Nachdenken, denn hier ist ja auch ein echtes Problem aufgetreten – Sabines Antwort – und finden dann auch Gründe, warum dieser Denkweg nicht und jener aber schon der rechte ist. Auf Umwegen lernt man die Landschaft kennen. In einem Unterricht, der dieses neugierige Umherwandern in der mathematischen Landschaft nicht gestattet und mit zwanghafter Fixierung nur auf Ergebnisse ausgerichtet ist, fällt genau das unter den Tisch.

Und in einem Unterricht, in dem falsche Antworten mit Beschämung für den Falsch-Denker verbunden sind, wird Sabine wahrscheinlich sehr bald aufhören, ihre Gedankengänge preiszugeben. Wahrscheinlich wird sie überhaupt aufhören, im Unterricht mitzudenken und das heißt dann – flapsig ausgedrückt: »Ende Gelände!«

Natürlich kann bei einem simplen Fehler, wie z. B. dem falschen Ergebnis einer Malaufgabe, auch einfach gesagt werden: »Markus, da hast du dich jetzt vertan. Wer soll dir denn helfen?«

Nicht um blind einzusetzende Rezepte geht es hier, sondern um eine Grundhaltung. Und die muss »stimmen«, um den Angstpegel niedrig zu halten oder am besten ganz auf Null zu setzen.

Ermutigung – die Energiespritze für jeden

Macht nix

Es gibt auch Schüler, die zunächst einmal sehr viele Fehler machen oder nach einigen positiven Ergebnissen immer wieder etwas falsch machen. Wenn Sie, liebe Kollegin, in einem solchen Fall innerlich resignieren und sich die Meinung bilden, hier sei ja alles zwecklos, dann wird Ihr Schüler diese Meinung übernehmen, denn auch ohne dass Sie etwas sagen, wird Ihre Haltung das Denken des Schülers beeinflussen (Bauer 2006, S. 18–25). Genauso wird es Ihren Schüler allerdings auch – und in diesem Fall positiv – beeinflussen, wenn Sie von innen heraus überzeugt sind, dass auch er »nach Rom findet«. Wäre Schule nicht ein Ort schrecklichster Langeweile, wenn alle Kinder auf die gleiche Weise in dem gleichen Tempo zu dem gleichen Maß an Erfolg kämen? Menschen, die wie Maschinen funktionieren, die »systemtauglich« abgerichtet oder gar so gezüchtet werden, kommen bisher gottlob nur in verschiedenen Dystopien vor, wie z.B. in Orwells »1984«.

Was unseren Beruf so schön und spannend macht, ist doch gerade auch unsere Rolle als Wegbereiter, Lernbegleiter und Chancenvermittler für ganz unterschiedliche Kinder, die uns wirklich brauchen! Wenn wir erst einmal innerlich über den Schatten unserer Zweifel gesprungen sind und uns die feste Überzeugung erlauben, dass jedes Kind in der Lage ist, rechnen zu lernen, wenn wir ihm nur Zeit und Gelegenheit dazu geben, dann wird es uns nicht schwerfallen, ermutigend einzugreifen. Auch hier habe ich einen pädagogischen Sprachbaustein, der immer zum Einsatz kommt, wenn eines meiner Matheschäfchen in Gefahr ist, sich für dumm zu halten: Ich sage (und das von innen heraus): »Macht nix!«, manchmal noch ergänzt durch: »Bei mir lernt das jeder.« Das kann ich von Grund auf überzeugt behaupten und Ihnen wird es nicht anders gehen, wenn Sie erst einmal positive Erfahrungen gemacht haben. Nach dem »Macht nix!« kommt allerdings die konkrete Hilfestellung und die besteht ganz oft einfach nur im Herausholen des Materialkorbes aus dem Freiarbeitsregal und der Aufforderung, in Ruhe, langsam und ungehetzt eine Aufgabe zu legen, zu durchdenken, zu notieren. Eine einzige Aufgabe, die auf mehreren Ebenen verstanden und durchdacht wurde, ist doch wesentlich mehr wert als eine ganze Säule mit zusammengeschusterten und unverstandenen Ergebnissen. Also nicht noch mehr von dem üben, was man nicht kann. Denn mehr vom Unverstandenen – das ist doch pädagogisch vollkommen sinnlos und schafft nur entmutigte Kinder. Hier wird der Eindruck zementiert: »Ich kann's nicht.« Das ist ein gefährliches Mantra, es sollte auf keinen Fall in den Köpfen der Kinder landen. Deshalb ziehen wir unsere didaktischen Register und wechseln die Ebene: wenn »symbolisch« nicht klappt, lassen wir handeln. Es wäre so einfach und wird viel zu selten gemacht.

AHA – zeig's mir

Nicht das Ergebnis, der Prozess ist entscheidend. Wie wichtig es ist, den Kindern auf ihre Denkschliche zu kommen, habe ich bereits angesprochen (s. S. 79).

Nicht immer können Fehler benutzt werden, um gemeinsam mit der Klasse Denkwege zu erforschen. Es geschieht auch oft, dass in einem Heft etwas Falsches steht und die Lehrkraft nun auf dieses Falsche reagieren muss. Zu diesem Zeitpunkt ist dem Kind noch kein Fehler bewusst, sonst hätte es ja nicht so gerechnet. Die simpelste Möglichkeit ist natürlich: durchstreichen und nochmal machen lassen. Doch wie viel lernt unser Schüler wirklich dadurch? Wenn Andi z. B. Zehner und Einer verwechselt und statt 42 die Zahl 24 schreibt, weiß er natürlich, dass ihm das öfter passiert und wird bei einem angestrichenen Fehler die beiden Ziffern kurzerhand andersrum hinschreiben, mechanisch und ohne dadurch etwas zu lernen. Wird er jedoch aufgefordert, zu zeigen, wie er dazu kam und geben wir ihm nun Säckchen und Kugeln als Werkzeug, dann wird er, wenn die Zahlen über zehn grundsätzlich mit den beiden Stellen »Sackzahl« und »Kugelzahl« eingeführt wurden, zunächst beginnen, zwei Säckchen hinzulegen, denn er orientiert sich ja an der Schreibweise 24 und da ist die Sackzahl die 2. Es hat übrigens in all den Jahren, in denen ich mit diesen Begriffen arbeite, nie ein Kind die letzte Ziffer als Sackzahl bezeichnet. Diese Abfolge: hinten die Kugelzahl und davor die Sackzahl, die landete immer zuverlässig in den Köpfen der Kinder.

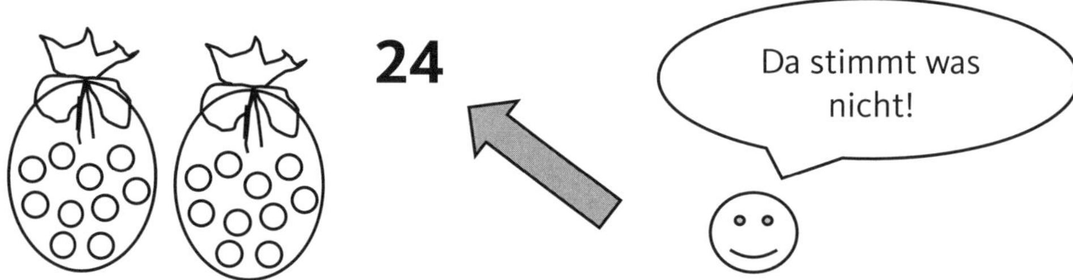

Nun kämen eigentlich die Kugeln dran, vier an der Zahl. Weil aber die phonetische Gestalt dieser Zahl zwei-und-vierzig ist und weil Andi auch weiß, dass eine Vierziger-Zahl vier Zehnersäcke hat, wird er nun stutzen, dann seinen Fehler selbst bemerken und selbst korrigieren: »Das geht ja gar nicht, da müssen vier Säcke hin, das ist eine Vierzigerzahl.« Und schon weiß er, wie zwei-und-vierzig geschrieben werden muss, damit Zahl und Zahlenbild zusammenpassen:

Das »Zeig's mir!« bekommt immer dann auch noch ein »Aha!« vorne dran, wenn mir in einer Zweiersituation ein Schüler ein Ergebnis vorlegt, dessen Zustandekommen wohl nicht mit rechten Dingen zuging und das so nicht stehenbleiben kann. Manchmal heißt das dann auch nicht »Zeig's mir!«, sondern »Erklär's mir!«, je nachdem, um welche Aufgabe es sich handelt. Was ich grundsätzlich nie mache, ist das sofortige Bewerten durch ein »Falsch!« Das halte ich für eine sehr unpraktische Reaktion, die einen Schüler höchstens verunsichert oder einschüchtert. Wir aber sollen ihn ermutigen, weiterzudenken und da ist es viel wirkungsvoller, ihm einen sicheren Rahmen – nämlich unser wohlwollendes Interesse – für seine Erklärungen zu geben und ihn auch einmal durch gezielte Nachfragen auf einen Denkweg zu lotsen, der ihm bisher entgangen war. Auch das dient der Unbefangenheit des Denkens, die wir unbedingt fördern sollten.

Hilfe oder Hackebeil? Leistungen werden bewertet

Nun sind wir Lehrer leider in der Situation, Bewertungen abgeben zu müssen, das ist für jeden, der primär Schüler fördern, ermutigen und zu Leistung anspornen will, auf den ersten Blick eine verflixte Zwickmühle, ABER: Wenn Sie, liebe Kolleginnen, bereits auf dem Weg des gründlichen und verständnisbasierten Rechenunterrichts die ersten Abschnitte zurückgelegt haben, dann wissen Sie ja bereits, dass wesentlich mehr möglich ist, als Sie zu »orthodoxen Schulbuchzeiten« je vermutet hätten. Sie sind deshalb sicher auch nicht in Gefahr, sich vom allgemeinen Sog des Jammerns über immer schlechtere Schülerleistungen und, und, und ..., was eben sonst noch alles an resignativen Beschwörungsformeln in den Lehrerzimmern kursiert, mitreißen zu lassen, sondern Sie werden sich pädagogische Zuversicht und Optimismus erlauben und wissen auch, dass das keineswegs naive Blauäugigkeit ist. Um das schwierige Feld der Leistungsbewertung mit möglichst geringem Flurschaden beackern zu können, sollten Sie sich dennoch einiges noch einmal vor Augen führen, was bereits angesprochen wurde (s. S. 107)

Zum Thema Subjektivität der Beurteilung finden wir bei Eiko Jürgens (2010) noch weitere Hinweise. So spricht er auch davon, dass implizite Beurteilungstheorien von Lehrern die Leistungszuschreibung verzerren, was sich z. B. darin äußere, dass als »gut« eingeschätzte Schüler schon von Haus aus und a priori milder begutachtet und bewertet würden, dass bei ihnen mehr Fehler übersehen würden und diese Voreinstellungen ...

> *»... zu beträchtlichen Urteilsverzerrungen in der Notengebung führen und attributive Reaktionen der Lehrenden nach sich ziehen, die für den weiteren Schulerfolg der Schülerin und des Schülers von erheblicher Bedeutung sind. Hier sei beispielsweise nur auf Erwartungshaltungen hingewiesen, die sich mit der Zeit zu generellen Erfolgs- oder Misserfolgserwartungen auf Seiten der Lehrenden, aber auch auf Seiten der Lernenden, der Mitschülerinnen und Mitschüler und der Eltern verfestigen können.*

> *Wenn man vor diesem Hintergrund das Spannungsfeld von Förderung und Auslesen betrachtet, drängt sich eine Gefahr besonders auf, die mit der Förderung lernschwacher bzw. lernschwieriger Schülerinnen und Schüler unmittelbar zusammenhängt. Ist nicht zu erwarten, dass Misserfolgsprojektionen immer wieder von neuem den Prozess der Lernförderung belasten, oft mit der Folge, letztlich das Bild von der ›schlechten Schülerin‹ bzw. vom ›schlechten Schüler‹ zu stabilisieren?«*
>
> *Jürgens 2010, S. 70*

Haben Sie bemerkt, dass Jürgens von lernschwachen bzw. lern*schwierigen* Kindern sprach? Genau darum ging es bis jetzt in meinen Ausführungen: Nicht alle Kinder lernen gleich und sehr schnell wird dann, wenn eben einer unserer Schüler nicht »normgerecht« lernt, eine Schwäche in irgendeinem Bereich attestiert. Der Terminus »lernschwierig« hingegen benennt viel zutreffender das, was uns im Unterricht begegnet: eben, dass nicht alles Lernen im Gleichschritt verläuft, sondern, dass wir als Lehrer vor gewisse Herausforderungen gestellt sind. Ich würde statt »lernschwierig« sogar noch lieber sagen: »lernindividuell« oder auch »lernoriginell«. Wenn wir unsere Schüler so sehen, als bunte, manchmal schwierige und oft originelle Kunden in unserem pädagogischen Ladengeschäft, dann fällt schon einmal ein implizites Einschätzungsraster weg, das uns suggerieren möchte: »Der lernt's ja sowieso nicht!«

Stellen wir uns nur vor, in welcher Sackgasse unser Marco landen würde, wenn er bereits nach wenigen Schulwochen den Stempel »lernschwach« bekäme, nur weil er verwirrt ist von der mathematischen Geheimsprache und sich noch nicht recht auskennt mit den Zahlen, die ihm ja auch keiner »ordentlich« präsentiert hat. Hüten wir uns also davor, Schüler in die »Der kann's nicht-Schublade« zu stecken. Diese geistige Schublade muss dringend umetikettiert werden in: »Der kann's *noch* nicht.«

In diesem »noch nicht« steckt nicht Resignation, sondern Aufforderung, und zwar an uns, die Lehrenden: hier ist unsere pädagogische und didaktische Kompetenz gefragt.

Bewertung fängt ja schon im Vorfeld an: Welche Botschaft senden wir unseren Schülern? Und dieses Vorfeld der Leistungen liegt nicht erst in der 3. und 4. Klasse unmittelbar vor den schriftlichen Tests – nein, dieses Vorfeld betreten unsere Schüler mit dem ersten Schultag. Und genau ab dann beginnt sich ein Selbstbild zu etablieren, das ganz wesentlich bestimmt wird von den Reaktionen der Lehrkräfte auf das, was Schüler sagen und tun.

Nehmen wir also zu unseren Gunsten an, dass wir diese Klippe der Misserfolgsorientierung erfolgreich umschifft haben, dann ist schon viel gewonnen, aber noch nicht alles. Es bleibt noch die grundsätzliche Angst vieler Kinder vor dem Geprüft-Werden. Darüber, wie dieser Angst erfolgreich ein Schnippchen geschlagen werden kann, habe ich ausführlich in meinem Buch »Unterricht entschleunigen« (Buchner 2017, S. 157–170) berichtet. Die wichtigsten Gedanken zu diesem Thema möchte ich in Bezug auf Mathematik hier nur kurz darstellen:

Was wollen wir in den Rechenproben eigentlich erfahren? Geht es uns darum zu sehen, wie viel unsere Schüler wirklich können oder wollen wir sehen, wie sie mit Stress zurechtkommen? Ich meine, dass ersteres für uns interessant ist. Das werden wir aber nicht erfahren, wenn ein Teil unserer Schüler in angstvolle geistige Käferstarre verfällt und plötzlich nichts mehr weiß. Dass es Stressmechanismen gibt, die unser Gehirn völlig lahmlegen, sagt uns die Gehirnforschung und wir Lehrkräfte müssen darüber Bescheid wissen. Das gehört unverzichtbar zu unserer pädagogischen Kompetenz (s. hierzu Buchner 2002, S. 65–100). In meiner Rolle als Lernscout und Chancenvermittler will ich aber diese Stressmechanismen verhindern und bin deshalb auf diese Lösung verfallen: Matheproben werden »im Doppelpack« geschrieben, zweimal gleicher Aufbau, gleicher Schwierigkeitsgrad der Aufgaben, lediglich andere konkrete Inhalte. Die erste Probe findet z. B. an einem Dienstag statt, die zweite an einem Donnerstag. Beide Proben werden korrigiert, am Freitag erfolgt die Herausgabe. Der Clou: Nur die bessere der beiden Arbeiten wird zurückgegeben und nur deren Note zählt. Die zwei Haupt-Einwände, die sich gegen diese Vorgehensweise sicher bei einigen Leserinnen sofort einstellen, möchte ich gleich entkräften:

1. Das ist viel zu viel Arbeit.

Da die Struktur der Arbeit gleich bleibt, muss das Design der Probe nicht mehr entworfen werden. Es geht bei den reinen Rechenaufgaben um das Austauschen von Zahlen und bei den Sachaufgaben um das Ersetzen eines Sachverhaltes durch einen ähnlichen:

> *»Eine 4-schrittige Sachaufgabe kann sich mit Gärtner Müller, seinen Tomatenpflänzchen, Verkaufszahlen und Einnahmen beschäftigen oder mit der Kindergärtnerin Tante Erna, ihren Kindergruppen, Kakaobestellungen und Überweisungen an die Firma Milchfit.«*
>
> *Buchner 2017, S. 158*

So muss nur eine Kopie des Dokuments im PC bearbeitet werden, das kostet wirklich nicht viel Zeit. Die Korrektur wiederum ist doch gerade in Mathematik sehr einfach, wenn wir einmal ein Punkteraster entworfen haben. Natürlich wird so ein Verfahren nur für die Kolleginnen in Frage kommen, die mit entsprechendem pädagogischem Engagement bei ihrer Arbeit sind. Aber solche Kolleginnen gibt es unter meinen Leserinnen genügend, davon bin ich überzeugt.

2. Das ist ja keine richtige Probe mehr, die Kinder haben ja schon alles geübt.

Gegen diesen Einwand spricht sehr deutlich meine Erfahrung. Es war nämlich nicht so, wie dieser Einwand vermuten ließe, dass alle Kinder in der 2. Probe besser abschnitten. Das Ergebnis war viel differenzierter. Es ergab sich eine Dreiteilung der Gruppen:

Teil A: in der ersten Probe besser als in der zweiten
Teil B: in der zweiten Probe besser als in der ersten
Teil C: in beiden Proben gleich gut

Diese drei Gruppen waren übrigens in allen meinen Matheklassen immer annähernd gleich stark. Meine Interpretation:

- Kinder mit der Angst vor Proben sind beruhigt, wenn sie noch einen weiteren »Schuss« frei haben und können sich deshalb in der ersten Probe besser entfalten.
- Kinder mit der Angst vor allem Unbekannten erkennen in der zweiten Probe einen vertrauten Aufbau und fühlen sich hier wohler und damit auch leistungsstärker.
- »Schussfeste« Kinder leisten, ohne Wenn und Aber, sie sind in beiden Proben gleich gut.

Über den Umgang mit Leistung in der Schule ließe sich noch sehr viel sagen, wofür in diesem Kontext nicht der Platz ist. Einige wesentliche Gedanken habe ich wenigstens kurz angesprochen.

Resümee

Ein gut durchdachter didaktischer Aufbau des Rechenlehrgangs von der ersten Klasse an ist eine wichtige Bedingung für Lernerfolg. Damit dieser Lernerfolg tatsächlich eintritt und stabil bleibt, müssen wir auch noch weitere Einflussfaktoren in unserem pädagogischen Auge behalten:

- Die Angst vor Fehlern muss gezielt zum Verschwinden gebracht werden.
- Ein positives mathematisches Selbstbild unserer Schüler muss als »Lehrziel« angestrebt werden.
- Mit konkreten Fehlern wird prozessorientiert und konstruktiv umgegangen: Aha! Zeig's mir! Macht nix!
- Bewertung erfolgt unter der Prämisse: Du bekommst die Chance zu zeigen, was du wirklich kannst.

Auf geht's in die zweite, dritte und vierte Klasse: Der Vorstellungshorizont wird erweitert

Die Ausbaufähigkeit des dekadischen Systems

Wir knüpfen an das an, was wir aus der ersten Klasse wissen: Jede Stelle hat ihre eigene Verpackungseinheit. Der Hunderter ist in eine Schachtel gepackt und besteht aus zehn Zehnersäckchen. Wir richten auch keinen Schaden an, wenn wir bereits den Zweitklässlern einen kurzen Ausblick geben auf das, was weiter zu erwarten ist: zehn Hunderterschachteln kommen in einen 1000er-Karton.

Falls Ihnen diese Verpackungsbilder zusagen, möchte ich Ihnen sagen, wie es bei mir nach dem Tausender weitergeht (wobei da Ihrer Fantasie keine Grenzen gesetzt sind, aber vielleicht ist dennoch eine konkrete Vorstellung hilfreich):

Zehn Hunderterschachteln kommen in einen Tausenderkarton.

Es empfiehlt sich, bis zum Tausender wirklich dreidimensional, also mit echten Kugeln, Säckchen, Schachteln und einem Karton zu arbeiten. Danach genügen meiner Erfahrung nach Bilder, die das Prinzip des Verpackens aufgreifen.

Zehn Tausenderkartons kommen auf einen Handwagen: 10 000.

10 Zehntausenderhandwagen werden auf einen LKW geladen: 100 000.

10 Hunderttausender-LKWs kommen auf ein riesiges Schiff: 1 Million.

Ein derartiger Ausblick soll natürlich nicht das Rechnen in den großen Zahlenräumen verfrüht zum Thema machen, er soll vielmehr zeigen, dass das Prinzip: »Immer 10 werden abgepackt« auch nach dem Hunderter weitergeht und zwar »bis in alle Ewigkeit«. Das wiederum ist eine Vorstellung, die den Kindern eine Ahnung von der Schönheit unseres Zahlensystems gibt. Hier weht »der Atem der Unendlichkeit« und das macht unser mathematisches Tun bedeutsam. Nach diesem großartigen Ausblick haben Dritt- und Viertklässler Anhaltspunkte zur Orientierung, während mit Zweitklässlern selbstverständlich wieder zurückgekehrt wird in die gemütliche Überschaubarkeit des Hunderterraums.

Was bedeutet eigentlich das Mal-Rechnen?

Eine weitere Grundvorstellung taucht nun auf und muss von mehreren Seiten betrachtet werden: Der Prozess des Malnehmens. Drei Aspekte sind hier zu beachten:

- Etwas ist x-mal räumlich-dinglich vorhanden.
- Etwas kann x-mal hintereinander (also als Reihung in der Zeit) geschehen.
- Zwei Gegebenheiten werden verglichen. Die eine ist x-mal größer als die andere.

Alle drei Grundvorstellungen lassen sich be-greifbar machen durch eine Darstellungsform, die sehr nahe an der Sprache orientiert ist:

Wir sehen hier 5-mal die Zahl 3, jede eigens eingekreist, um deutlich zu machen, dass es sich nicht um eine einzige 5-stellige Zahl handelt.

Hierzu passen Sachverhalte zum räumlichen, zeitlichen und vergleichenden Aspekt.

- Sabine setzt Tulpenzwiebeln. Sie hat fünf Töpfe, in jeden kommen drei Zwiebeln.
- Martin trägt Teller für das Grillfest in den Garten. Er nimmt jedes Mal drei Teller und muss 5-mal laufen.
- Susi und Manuel sammeln Fußballbilder. Susi hat gerade erst angefangen und hat drei Bilder. Manuel hat schon 5mal so viel wie Susi.

Wenn nun die Faktoren nicht durch Pluszeichen verbunden, sondern durch Ästediagramme zusammengefasst werden, dann ist ein erster wichtiger Schritt getan für die Grundvorstellung des Mal-Vorganges (mehr dazu Buchner 2012a, S. 232–238).

Um sie weiter zu festigen ist meiner Erfahrung nach hier weniger die wiederholte Versprachlichung hilfreich, sondern vielmehr das häufig wiederholte und didaktisch exakt geplante Tun: Hier muss die Lehrkraft genau unterscheiden, ob 5 mal 3 gerechnet wird wie in unserem oben angeführten Beispiel oder 3 mal 5. Das ist nicht gleichgültig, auch wenn beide Male das gleiche Ergebnis herauskommt.

Mit einer gut verankerten Grundvorstellung des Malnehmens werden später auch Flächenberechnungen bei Rechtecken einsehbar: Eine Fläche mit $l = 4$ m und $b = 3$ m besteht aus vier Streifen, von denen jeder 3 m^2 misst oder aus drei Streifen zu je 4m^2.

Wer das verstanden hat, muss nicht blind eine Formel anwenden, sondern er kann die Entstehung dieser Formel einsichtig nachvollziehen.

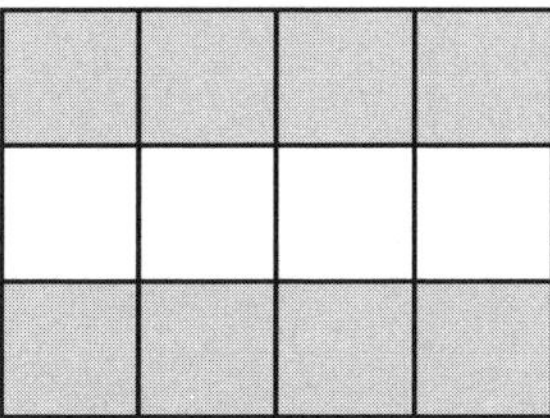

Jetzt wird's echt schwierig: Die zwei Varianten des Dividierens

Wer nur mechanisch teilt – quasi einfach eine Malaufgabe »rückwärts« nimmt – und nicht genau weiß, was er da eigentlich tut, kann später in Schwierigkeiten kommen, die sich nicht nur in Sachaufgaben zeigen, sondern auch beim schriftlichen Dividieren und ab der 6. Klasse ganz massiv beim Bruchrechnen. Es lohnt sich also, an dieser Grundvorstellung intensiv zu arbeiten und zwar dann, wenn die Grundrechenart des Teilens eingeführt wird: in der 2. Klasse. Die beiden Varianten, habe ich bereits im Abschnitt über das Handeln vorgestellt (s. S. 98 f.). Hier möchte ich noch einmal betonen, wie wichtig es ist, diese beiden Divisionsmöglichkeiten zu unterscheiden. Es ist eben nicht damit getan, einfach nur zu wissen, was bei 24 : 3 oder bei 56 : 7 »herauskommt«.

Es ist bekannt, dass Kinder, die sich mit dem Rechnen ohnehin schon schwer tun, bei Sachaufgaben oft völlig versagen und in ihrer Hilflosigkeit einfach beginnen, irgendwelche Zahlen mit irgendwelchen Rechenoperationen zu verknüpfen in der Hoffnung, da würden sich dann schon einige verwertbare Punkte für die Benotung finden.

Gerade beim Dividieren ist es nicht damit getan, bloße Rechnungen auszuführen. Hier müssen die Zahlenbeispiele immer wieder in Verbindung mit konkreten Situationen gebracht werden.

Aufteilen in gleich große Stücke gibt z. B. Antwort auf die Frage: Wie oft passt x in y hinein? Und nur wer diese Vorstellung grundsätzlich einmal entwickelt hat, kann später beim Bruchrechnen verstehen, wieso es möglich ist, dass eine Teilung wie 8 : ¼ eine so große Zahl ergibt wie 32.

Und so geht es weiter: Algorithmen mit Hirn

In der 3. und 4. Klasse lernen die Kinder schriftliche Verfahren für die vier Grundrechenarten. Sind bis dahin die Vorstellungen für jede der vier Rechenarten nicht so gefestigt, dass die Kinder wirklich wissen, was sie tun, dann rutschen sie mit größter Sicherheit ab in einen Status, den Stanislas Dehaene »Zahlenanalphabetismus« nennt:

> *»Im westlichen Bildungssystem verwenden Kinder viel Zeit auf das mechanische Lernen der Arithmetik. Aber der Verdacht verstärkt sich, daß viele Kinder erwachsen werden, ohne je wirklich verstanden zu haben, wie sie dieses Wissen angemessen einsetzen können. Weil ihnen jedes tiefe Verständnis für Rechenprinzipien fehlt, sind sie in Gefahr, Automaten zu werden, kleine Maschinen, die rechnen, aber nicht denken können.«*
>
> *Dehaene 1999, S. 160*

Dieses Festigen der Grundvorstellungen muss in den ersten beiden Schuljahren geschehen. In der 3. und 4. Klasse muss dann unbedingt beim Einführen der schriftlichen Verfahren auf diese Grundvorstellungen zurückgegriffen werden. Das geht leicht, wenn Sie, liebe Kolleginnen, sich Zeit nehmen, erst einmal gründlich auf der Stufe des halbschriftlichen Rechnens zu verweilen. Kinder müssen noch einmal handelnd erfahren, dass beim Addieren mehrstelliger Zahlen nicht Einer, sondern Stellenwerte »zusammengeschoben« werden. Ebenso ist bei Subtraktionen der Bezug zu den dreidimensionalen Verpackungseinheiten der sinnstiftende Anker, der Kinder begreifen lässt, dass bei 723 – 289 die 9 nur weggenommen werden kann, wenn von den zwei Zehnersäcken der Zahl 723 einer aufgemacht wird. Genauso ist es dann mit dem Abziehen der 80, die eben *nicht* acht bedeutet, sondern acht Zehnersäcke. Und diese acht Zehnersäcke kann ich wiederum nur dann erhalten, wenn ich von den sieben Hunderterschachteln eine öffne und ausleere.

Kinder, die das nicht verstehen, hantieren in ihrer Vorstellung mit bloßen Einern und machen dann natürlich typische Fehler, wie z. B. das Umdrehen einer Teilsubtraktion. Bei unserem Beispiel »723 – 289« würde in einer aus Hilflosigkeit gewählten Ersatzhandlung dann vielleicht an der Einerstelle nicht neun subtrahiert werden – »geht ja gar nicht!« –, sondern drei und das Ergebnis wäre sechs.

Genauso wichtig ist das Stellenwertverständnis beim schriftlichen Malnehmen und Dividieren.

Beim Malnehmen ist besonders der Umweg vom halbschriftlichen Rechnen über die Neperschen Streifen zum »normalen« Multiplizieren empfehlenswert. Sie wurden erfunden von dem schottischen Mathematiker John Napier (1550 – 1617). Hierzu finden sich im Internet Informationen (z. B.: http://www.history.didaktik.mathematik.uni-wuerzburg.de/rechner/schott/rechenst.html). Nachzulesen ist darüber auch einiges in Wittmann/Müller (1992, S. 139–142).

Beim schriftlichen Dividieren besteht ebenfalls die Gefahr, dass der Gesamtzusammenhang verloren geht und dann z. B. bei einer Aufgabe wie 7356 : 3 nicht bewusst ist, dass die Teilaufgabe 7 : 3 eigentlich bedeutet: 7000 : 3 und das Teilergebnis dementsprechend auch nicht 2 Rest 1 ist, sondern 2 Tausender, Rest 1 Tausender.

Hier kann das Arbeiten mit Stellenwerttabellen helfen, zuerst beim halbschriftlichen, dann beim schriftlichen Verfahren.

Auf alle Fälle dürfen wir die Bedeutung der Grundvorstellungen mit der Frage »Was mache ich hier genau?« nie aus den Augen verlieren, denn nur durch diese Vorstellungen bekommen unsere Schüler mathematischen Boden unter die Füße.

Wie gefährlich es ist, wenn dieser sichere Boden nicht existiert und wie trügerisch verlockend es sein kann, sich auf die Hoffnung einzulassen, Schwierigkeiten würden sich »irgendwann« schon noch geben, das kann gar nicht genügend betont werden, deshalb möchte ich diesen Gedanken auch noch einmal explizit aufgreifen, bevor wir uns dann der erfreulichen Fallgeschichte eines »verhinderten Dyskalkulikers« zuwenden.

Die Fama vom platzenden Knoten

Ich stelle es mir grauenhaft vor, im Rechenunterricht zu sitzen und eigentlich gar nicht zu wissen, wovon denn die anderen reden. Und nicht allein das betroffene Kind leidet – nein, für die ganze Familie ist es eine irritierende, ja oft sogar verstörende Erfahrung, dass ein allem Anschein nach völlig »normales« Kind in diesem Fach keinen Fuß auf den Boden bekommt. Weil der Unterricht in den ersten beiden Schuljahren sehr oft nicht so in die Tiefe geht, wie es das Fach verlangen würde, mogeln sich viele Kinder erstaunlich lange erst einmal irgendwie durch. Meist taucht erst gegen Ende der zweiten Klasse der Verdacht auf, hier könne doch etwas nicht stimmen. Diesem Verdacht sind aber keineswegs nur ungetrübte Mathezeiten vorausgegangen. Das Kind, das sich bis dahin mit Tricks und hervorragenden Gedächtnisleistungen – aber ohne jede mathematische Orientierung – durchs Leben schlug, stand schon geraume Zeit gewaltig unter Stress, weil ihm die Sicherheit des echten Begreifens ja fehlte. So sitzt es buchstäblich mit angehaltenem Atem da und hofft, nicht unliebsam aufzufallen. Die Eltern bekommen davon zunächst einmal wenig mit. Sie merken lediglich, dass die Mathehausaufgaben mit größter Unlust, mit allen möglichen Verzögerungsmanövern und nicht selten auch nur unter ihrer tatkräftigen Mithilfe überhaupt aufs Papier gebracht werden. Weil rechenschwache Kinder verschiedene und oft sehr aufwendige Hilfsstrategien benutzen, um zu einem richtigen Ergebnis zu kommen, herrscht nicht selten die Meinung, das Kind könne »im Prinzip« eigentlich alles, es brauche nur noch sehr lange. Das ist meiner Erfahrung nach meist auch die Meinung der Lehrerin. Um sich den unangenehmen Tatsachen nicht stellen zu müssen, wird dann häufig das Zukunftsszenario des Knotens, der erst noch platzen müsse, entworfen. Eltern lassen sich damit leicht beruhigen und daran finde ich nichts Verwerfliches. Es ist sicher sehr schmerzhaft, ein Defizit des eigenen Kindes – und als solches müsste es ja bezeichnet werden – zur Kenntnis zu nehmen. Es werden also dringend nötige Hilfsmaßnahmen noch einmal auf die lange Bank geschoben, denn »wenn erst einmal der Knoten geplatzt ist...«

Nur: Ich habe in meiner langen Dienstzeit keinen einzigen geplatzten Knoten erlebt. Wenn es mit einem Kind aufwärtsging, dann steckten immer gezielte Bemühungen und eine konstruktive Zusammenarbeit von Elternhaus und Schule dahinter. Das wiederum habe ich allerdings oft erlebt und ich werde von einem besonders anrührenden Fall im nächsten Abschnitt berichten. Doch nun erst einmal zurück zur Fama des platzenden Knotens und zur daran geknüpften trügerischen Hoffnung. Eine ähnlich trügerische Hoffnung spielt auch in der griechischen Mythologie beim Kampf um Troja eine Rolle. Und jemand, der davor warnt, auf diese Hoffnung hereinzufallen, wurde schon damals nicht gerne gehört. »Timeo Danaos et dona ferentes – Ich fürchte die Danaer, auch wenn sie Geschenke bringen«, soll der trojanische Priester Laokoon über die Danaer, wie die Griechen genannt wurden, gesagt haben. Aber niemand wollte auf ihn hören, man ließ das hölzerne Pferd in die Stadt und der Rest ist bekannt: Das war das Ende der stolzen Stadt Troja. Der Ausspruch Laokoons wird auch zitiert als »Nichts Gutes kann von den Danaern kommen«. Was haben unsere rechenschwachen Kinder damit zu tun? Für mich liegt die Parallele auf der Hand: In der 3. Klasse erscheint am mathematischen Horizont ein Hoffnungsschimmer – die schriftlichen Rechenverfahren. Eltern und Lehrer sind nur zu gerne bereit, dieses trojanische Pferd für ein wirkliches Geschenk zu halten, das den Kindern endlich dazu verhilft, Rechnen zu verstehen. Aber: Im Rechnen kann nichts Gutes von einer denkfreien mechanischen Anwendung auswendig gelernter Algorithmen kommen. Was sich hier einschleicht, ist nur eine verhängnisvolle Scheinsicherheit. Und das, was so vielversprechend daherkommt, ist nichts weniger als ein Geschenk, auch wenn es momentan so aussieht, als sei nun ein Problem endgültig gelöst.

Denn Kinder ohne hinlänglich entwickelte mathematische Grundvorstellungen, die bisher beim Rechnen nicht wussten, was sie eigentlich taten und sich mit zum Teil abenteuerlichen Hilfsstrategien und mühsamem Auswendiglernen durchs Rechenleben schlugen, scheinen plötzlich so etwas wie Rechenkenntnisse zu erlangen, wenn sie mechanisch die gelernten Algorithmen anwenden. Dann erfolgt oft ein befreites Aufatmen: »Jetzt ist der Knoten geplatzt!« Wir Lehrer sollten es besser wissen und nicht auf richtige Ergebnisse hereinfallen. Wir sollten dahinter kommen, was da wirklich los ist und das können wir ganz leicht, wenn wir uns nicht an den Ergebnissen, sondern an den Prozessen orientieren: Wir brauchen nur nachzuforschen: »AHA! Erklär mir, warum du's so gemacht hast!« Denn wir wissen: Nicht geplatzte Knoten bringen den Lernerfolg, sondern gezielte Arbeit. Und auch in der 3. Klasse können noch wirkungsvolle Hilfsmaßnahmen in die Wege geleitet werden. Am besten wäre es natürlich, entsprechende »Kandidaten« würden gleich zu Beginn der ersten Klasse »enttarnt«.

Der Dyskalkulie von der Schippe gesprungen: Eine Fallgeschichte

Von Alex habe ich schon berichtet (s. S. 64 f.). An seinem Fall bin ich gescheitert, denn ich wusste es damals einfach nicht besser. Aber nicht nur ich – auch ein Institut zur Behandlung der Rechenschwäche kam nicht weiter. Wenn ich mich heute an Alex erinnere, dann sehe ich vieles, was ich – mangels besseren Wissens – falsch gemacht habe. Viele Jahre später bekam ich Gelegenheit, an einem ähnlich schwierigen Fall zu erleben, wieviel Positives möglich ist, wenn man es richtig angeht. Ich erzähle von Simon, den ich vier Jahre, also während seiner gesamten Grundschulzeit, als Fachlehrerin im Rechnen unterrichtete. Dieses Kind wäre – da bin ich mir sicher – bereits nach allerkürzester Zeit zum Dyskalkuliker abgestempelt worden, wenn es schlecht gelaufen wäre. Es lief aber nicht nur nicht schlecht, es lief von Anfang an einfach nur gut, aus mehreren Gründen: Simon war ein Muster an gutem Willen und Einsatzbereitschaft und er hatte eine ganz wunderbare Mutter, die mit größtem Vertrauen mir gegenüber Tipps und Ratschläge befolgte, die nie auch nur eine Spur des Vorwurfs der Schule gegenüber äußerte, sondern dankbar war, dass ihrem Kind so viel individuelle Aufmerksamkeit zuteil wurde. Und natürlich spielte auch ich in dem ganzen glückhaften Gefüge eine wichtige Rolle.

Zurück zu Simon: Ich kann mich an kein Kind erinnern, das mich je so ratlos angesehen hätte bei unseren ersten Versuchen des Agierens mit Zahlen. Die Frage: »Wenn du dir ein Tütchen mit Gummibärchen aussuchen kannst, welches nimmst du? Hier sind drei drin und hier acht.« stürzte ihn in tiefste Verwirrung. Was ist wohl mehr? Sind das die acht Gummibärchen? Oder doch vielleicht besser die drei?

Es fehlte ihm jegliche Orientierung und er schwamm hilflos im Ozean der Zahlen. Bei unseren spielerischen und ausgedehnten Zählübungen mit der ordinalen Zahlenreihe fasste er dann langsam Fuß im mathematischen Gelände und verstand, dass die Zahlen in einer bestimmten Reihenfolge stehen mussten. Dadurch konnte er allmählich auch immer besser einschätzen, welche Kardinalzahl mehr wert war, denn er verstand die Beziehung zwischen »weiter hinten auf dem Zahlenstrahl« und »mehr wert«. Der Ziffernschreibkurs bereitete ihm keine Probleme und beim Zahlenzerlegen durch das Plättchenwerfen durfte er die rote und die blaue Menge nachzählen, das gab ihm Sicherheit. Da ich bis Weihnachten ohne Gleichungen arbeitete und sowohl Zahlenzerlegungen als auch Aufgaben zum Verdoppeln und Halbieren nur als Äste, Tabellen, Zahlenhäuser oder Punktebilder notieren ließ, blieb jegliches mathematische Tun sehr konkret. Simon arbeitete exakt und ordentlich und baute erste stabile Vorstellungen auf. Als wir nach Weihnachten dann mit »echten« Rechnungen begannen, brachte ihm das zunächst einen kurzen Rückschlag. Da unser Übungsmaterial ausschließlich aus Ergänzungsaufgaben der Form »a + ___ = b« bestand, musste immer der Zusammenhang eines Zahlentripels gesehen werden, also das Gesamtgefüge der Aufgabe. Simon legte die Aufgaben mit Wendeplättchen, brauchte dafür seine Zeit, aber er verstand, was er tat. So arbeitete er sich langsam und gründlich in die Additionen im Zehnerraum ein:

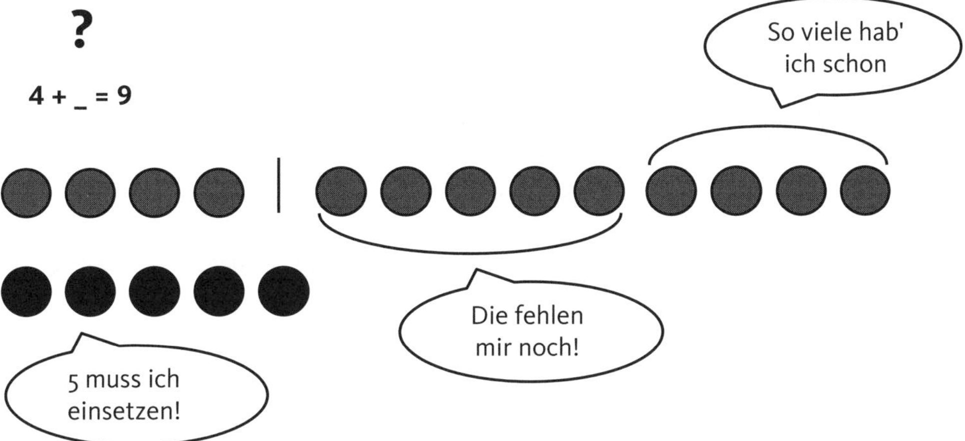

Als es dann an das Überschreiten des Zehners mit dem Fünferräuber (s. S. 87 f.) ging, arbeitete Simon genauso langsam und gründlich weiter, legte jede Aufgabe sorgfältig mit Material, dachte dabei mit und bekam reichlich Zuspruch und Ermutigung, denn er machte seine Sache gut.

Er konnte von dem Material deshalb so sehr profitieren, weil hier der Einsatz ohne Denken unmöglich war. Das lag an der Struktur des Materials. Wenn er nämlich eine zehnerüberschreitende Addition mit der Kraft der Fünf – also mit dem Fünferräuber und seinen Fünfer-Knödeltellern – ausführte, dann musste die Ästenotation mit dem gelegten Knödelbild übereinstimmen. Ohne Verständnis war das nicht möglich. Deshalb brauchte Simon dafür auch lange, aber der Gewinn dieser Sache war das exakte Verständnis des Rechenvorgangs beim Zerlegen und Auffüllen. Ein konkretes Beispiel soll veranschaulichen, wie es aussehen kann, wenn ein und dieselbe Aufgabe mit zwei verschiedenen Notationen und den entsprechenden »Knödelbildern« gelöst wird. Die erste Zahl (9) wird zu Beginn mit roten Plättchen gelegt, die zweite Zahl (4) mit blauen.

Erste Lösung:

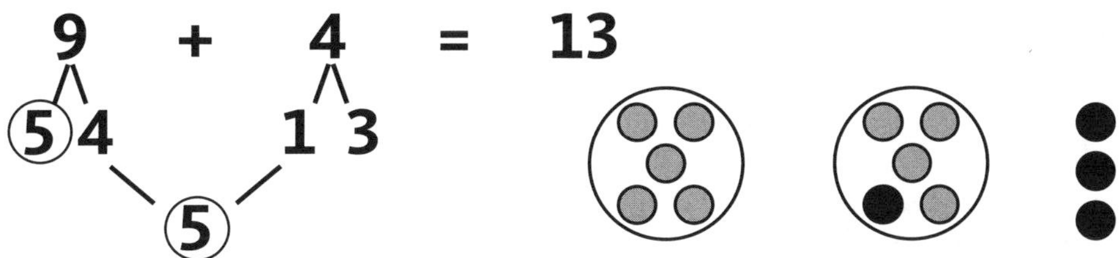

Hier wird der zweite Knödelteller aus 4 roten und 1 blauen Plättchen gebildet, es bleiben 3 einzelne blaue.

Zweite Lösung:

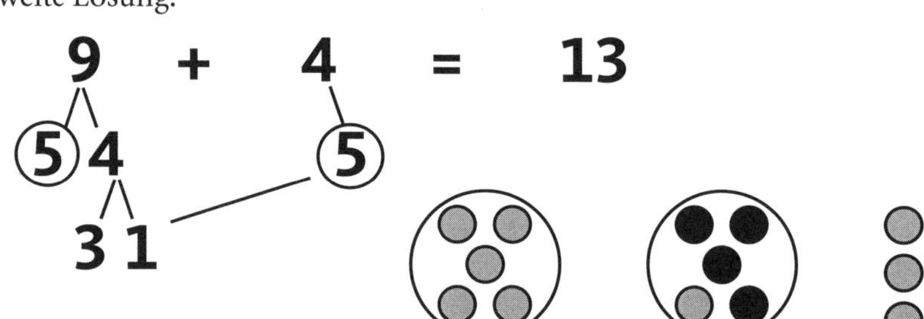

Hier wird der zweite Knödelteller aus 4 blauen und 1 roten Plättchen gebildet, es bleiben 3 einzelne rote.

In den Freiarbeitsphasen ließ ich mir von Simon immer wieder einmal eine Aufgabe erklären und es gab nichts, was er rein mechanisch, ohne Verständnis, gerechnet hätte. Er brauchte Zeit, Ruhe und das Gefühl, so, wie er arbeite, sei es schon richtig.

Die Rechenhausaufgaben waren für ihn kein Problem, denn ich gab nie ein festes Pensum auf, sondern immer eine Übungszeit von 15 Minuten. Wer schneller war, schaffte in dieser Zeit mehr und Simon konnte eben weniger erledigen. Damit er dennoch allmählich mehr Geläufigkeit erwarb, traf ich mit ihm und seiner Mutter ein Abkommen. Das ging allerdings nur, weil beide bereit waren dazu und nicht nur »alibimäßig«, sondern von innen heraus wollten: Simon sollte nach der Hausaufgabe täglich drei zusätzliche Aufgaben mit Material rechnen, aber nie länger als weitere 15 Minuten. Denn Übungsmarathons sind immer kontraproduktiv und nehmen gerade denjenigen Kindern, die ihre Lernmotivation dringend bräuchten, jegliche Freude am Lernen. Bei Simon war aber das Gegenteil der Fall: Er wurde sicherer und schneller, bekam von schulischer und familiärer Seite viel positives Feedback und machte kontinuierliche Fortschritte. So ging es im Prinzip immer weiter. Simon arbeitete langsam und gründlich und machte im Unterricht fest mit. Er traute sich auch, sich zu melden und Beiträge zu leisten. Der Zehnerübergang mit Liesel und dem Auffüllen von Zehnersäckchen ging dann ohne jegliche Probleme über die Bühne. Beim Subtrahieren gab es noch einmal einen Rückfall in Unsicherheit, der aber wieder auf die bewährte Weise aufgefangen wurde: Langsames Arbeiten mit gut strukturiertem Material, das Mitdenken zwingend erforderlich machte und eine kurze zusätzliche Übungseinheit für zu Hause. Dieses Muster setzten wir fort und Simon rückte im Klassenranking immer weiter auf. Ich merkte allerdings, dass er bei den Minusaufgaben in besonderem Maß auf Ermutigung angewiesen war und immer wieder Tage hatte, an denen er sehr bewusst, sorgfältig und langsam sein Material einsetzte. Aber da ich sah, dass er wirklich nachdachte, dass die zusätzliche Zeit, die er brauchte, nicht von irgendwelchen Rechenersatzstrategien kam, sondern durch den bedächtigen Umgang mit der Materie verursacht war, bestärkte ich ihn in seinem Tun und betonte immer wieder, dass es viel besser sei, wenige Aufgaben mit gedanklicher Durchdringung zu erledigen als viele Aufgaben, die nicht verstanden sind. Simon bekam also für sein Vorgehen Lob und Anerkennung. Es ging mit ihm positiv weiter. Eine letzte längere Phase von Unsicherheit trat in der 2. Klasse auf bei den Rechnungen im Hunderterraum. Auch die überwanden wir – und mit diesem »Wir« meine ich Simon, seine Mutter und mich – und ab da ging es stetig aufwärts. Simon hatte ab der 3. Klasse sicheren Boden unter den Füßen. Im Tausenderraum waren Stellenwerte für ihn kein Thema mehr und er rechnete flott und geläufig mit Plus und Minus. Und nun zeigte sich etwas, das bei weniger glückhaftem Fortgang gar keine Chance gehabt hätte, ans Licht zu kommen: Simon war ausgesprochen pfiffig beim Lösen von Sachaufgaben. Er durchschaute schnell Zusammenhänge, fand Lösungswege und konnte diese auch erklären. Jetzt entwickelte er auch Freude an besonders kniffligen Problemen und spannenden Aufgaben. Aber um so weit zu kommen, brauchte es einen behutsamen und systematischen Aufbau des Rechenlehrgangs, bei dem Wert auf die Verständnisbausteine, auf allmähliches Sichern des mathematischen Terrains und auf das sorgfältige Erarbeiten der einzelnen Wegmarken für das Rechnen gelegt wurde. Bei einem herkömmlichen Schulbuchunterricht hätte Simon keinerlei Chance auf den Lernerfolg gehabt, der ihm seiner Begabung entsprechend zukam. So aber wurde er nicht nur zu einem guten Rechner, sondern auch zu einem begeisterten. Als er nach der 4. Klasse auf die Realschule wechselte, hatte er im Zeugnis die Mathenote 2. Geraume Zeit später, Simon war mittlerweile in der 6. Klasse, traf ich seine Mutter beim Einkaufen im Supermarkt und erkundigte mich danach, wie es ihm denn gehe. Er sei, so sagte sie mir, in seiner Klasse der Mathestar, schreibe nur Einser und Zweier und sage öfter: »Mathe ist das einzige Fach, in dem ich überhaupt nichts lernen muss. Und das verdanke ich nur der Frau Buchner.« Ein schöneres Kompliment für meine Lehrtätigkeit habe ich nie bekommen. Aber ich frage mich, wie viele falsch eingeschätzte »Simons« wohl in unseren Klassenzimmern sitzen und wünsche mir, dass möglichst viele meiner Kolleginnen sich beherzt und mutig aufmachen, das wunderbare Fach Mathematik neu zu entdecken, zu erobern und ans Kind zu bringen.

Die Lehrkraft als »Opinion Leader«

»Leidenschaft führt zu Begabung – und Eltern und Lehrer tragen deshalb viel Verantwortung für die Entwicklung der positiven oder negativen Einstellung ihrer Kinder zur Mathematik.«

Dehaene 1999, S. 18

Kinder merken genau, was wir wirklich denken und ob wir ehrlich sind, wenn wir etwas, das wir auf unserem Stoffplan haben, als »schön« oder gar »toll« bezeichnen. Deshalb führt der Königsweg zur Motivation der Schüler über Ihre eigene Begeisterung, liebe Kolleginnen. Nur – wie soll man in Ihre Köpfe diese Begeisterung hineinbringen, haben doch wahrscheinlich viele von Ihnen selbst in ihrer Schulzeit negative Erfahrungen mit dem Fach Mathematik gemacht? Nach meinen eigenen »Feldforschungen« im Bekannten- und Kollegenkreis und auch nach meiner Erfahrung als Mutter gehen mathematische Negativ-Erinnerungen hauptsächlich auf zwei Ursachen zurück: Einerseits auf im Unterricht empfundene Langeweile und auf fehlendes Verständnis dessen, was da eigentlich gemacht wird, und andererseits – das passiert besonders häufig am Gymnasium – auf peinliche Situationen, auf Bloßgestelltwerden und auf empfindliche Kratzer am Selbstwertgefühl, oft verursacht von Lehrern, die ganz gerne ihre Überlegenheit über die armen geplagten Schüler ausspielen. Doch wie auch immer: Wenn wir uns durch eigene negative Erfahrungen lebenslang davon abhalten lassen, an Mathematik auch gute Haare zu finden, dann räumen wir unserer Schulvergangenheit entschieden zu viel Macht über unser Leben ein.

Wir sollten uns also von diesen Fesseln befreien und uns unvoreingenommen ins mathematische Getümmel stürzen. Wenn Sie mit einer ersten Klasse beginnen, haben Sie auch für sich selbst die besten Chancen für mathematischen Lustgewinn. Denn gerade die ersten Wochen mit ihren vielfältigen Aktionen rund um die Zahlen sind für Schüler und Lehrer viel unterhaltsamer als das mühsame Abarbeiten von Schulbuchseiten. Wer beruflich mit Kindern zu tun hat, sollte es auch seinem eigenen inneren Kind erlauben, zum Vorschein zu kommen. Ich plädiere ganz entschieden dafür, dass auch Lehrkräfte in ihrer Arbeit Spaß erleben dürfen. Das soll nicht heißen, dass ich Schule als Spaßbad sehe. Lernen ist eine ernste Sache, aber wir müssen unbedingt eine Atmosphäre schaffen, in der es uns miteinander gut geht (siehe hierzu Buchner 2017) und in der wir auch – nicht nur, aber auch – Spaß miteinander haben. Dieser muntere und erlebnisintensive Zugang zum Rechenunterricht gelingt in der ersten Klasse besonders leicht.

Doch auch für Lehrkräfte anderer Klassenstufen gibt es Möglichkeiten, der Freude an Mathematik näher zu kommen. Ich schätze in hohem Maß die Denkaufgaben des Känguru-Wettbewerbs. Gleichgültig, ob man an diesem Wettbewerb teilnimmt oder nicht, kann man sich im Internetarchiv sämtliche Aufgaben ansehen und herunterladen. Die Wettbewerbsaufgaben gibt es ab der 3. Klasse, aber jedes Jahr im Advent erscheint ein Känguru-Adventskalender mini (1. und 2. Klasse) und maxi (3. und 4. Klasse) mit einer täglichen Knobelaufgabe (http://www.mathe-kaenguru.de/downloads/advent13/kaenguruadvent_2013_mini_all_color.pdf). Alle diese Känguru-Aufgaben – ob Wettbewerb oder Adventskalender – sind genial komponiert. Kinder müssen für die Lösung nicht oder nur wenig rechnen, sondern hauptsächlich »nur« logisch denken. Weil es ein so umfangreiches Repertoire an Aufgaben im Internet gibt, kann man zum Beispiel täglich eine Aufgabe als Denktraining präsentieren, diese Aufgaben in das Freiarbeitsregal legen und sich auch selbst daran versuchen, denn Sie finden für jede Klassenstufe bis zum Abitur ausreichend Knobelmaterial. Aber Vorsicht! Hier besteht Suchtgefahr! Ich habe schon manchmal dringende Arbeiten beiseitegelegt, wenn der neue Adventskalender kam und habe mich erst einmal selbst damit vergnügt.

Und dieser Spaß am Denken ist Therapie für jede Lehrkraft, denn wenn Sie dann eine Aufgabe in der Klasse vorstellen, müssen Sie sich nicht pädagogisch anstrengen, um diese Ware anzupreisen, nein, Sie werden davon überzeugt sein, dass es einfach toll ist, sich an dieser Aufgabe einige »Neuronen auszubeißen«.

Als »Appetizer« möchte ich Ihnen eine kleine Auswahl an Känguruaufgaben vorstellen. Im Internet finden Sie auf der Website von Känguru eine schier unerschöpfliche Fülle an originellen mathematischen Knacknüssen. Die Chronik listet die Wettbewerbsaufgaben aller Klassenstufen (3 und 4, 5 und 6, 7 und 8, 9 und 10, 11 bis 13) jedes Jahrgangs seit 1998 auf (http://www.mathe-kaenguru.de/chronik/aufgaben/).

Die erste Aufgabe »Achtung, der Zug kommt« (aus: Wettbewerb 2017 für die Klassen 3 und 4, Aufgabe C1 aus der Gruppe der 5-Punkte-Aufgaben – das sind die schwierigsten), die ich Ihnen vorstellen möchte, bildet gleich eine gehörige Herausforderung, und auch Sie werden wahrscheinlich ein bisschen herumrätseln müssen, ehe Ihnen die Lösung ins Auge fällt.

»Auf den beiden Bildern ist derselbe Zug und dieselbe Brücke zu sehen. Wie lang ist der Zug?

(A) 45m **(B) 46m** **(C) 52m** **(D) 56m** **(E) 57m**

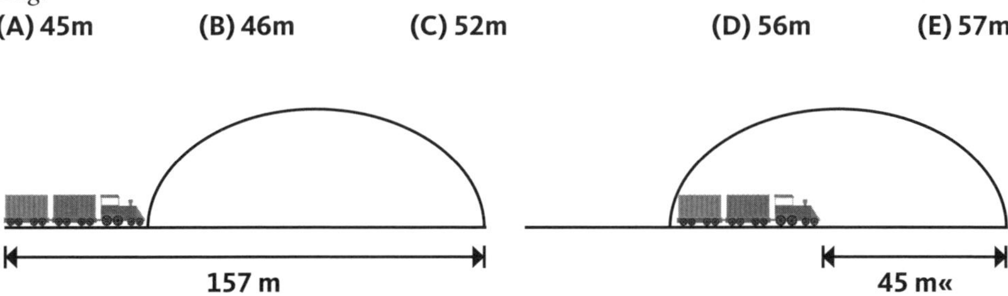

Sie sehen, worauf es bei dieser Aufgabe ankommt: Die Schüler müssen erkennen, dass man die doppelte Länge des Zuges erhält, wenn man von der angegebenen Gesamtlänge von 157 m (erstes Bild) die im zweiten Bild gekennzeichnete Restlänge von 45 m abzieht. Dann müssen nur noch die auf diese Weise ermittelten 112 m durch zwei geteilt werden und schon hat man die Länge des Zuges und kann dann die richtige Lösung, nämlich den Buchstaben D (56m), ankreuzen.

Viele der Aufgaben haben auch mit Raumorientierung und Raumvorstellung zu tun, wie die Aufgabe 5B aus dem Wettbewerb 2015 mit dem Titel »Pudel im Park«. Aufgaben der B-Gruppe sind nicht ganz so verzwickt wie diejenigen der Gruppe C und bringen bei richtiger Lösung 4 Punkte.

Hier geht es darum, nach einer genauen Wegbeschreibung durch einen Park zu spazieren und dabei zu zählen, an wie vielen Parkbänken man vorbeikommt. Damit das Ganze spannender wird, dreht sich die Geschichte um einen Pudel, der sein Frauchen ungestüm kreuz und quer über alle möglichen Wegkreuzungen des Parks zieht, z. B. an der ersten Kreuzung nach rechts, an der zweiten nach links usw. Zum Schluss soll wieder eine Lösung angekreuzt werden,

Sie können gleich selbst die Probe aufs Exempel machen, wie sehr man sich konzentrieren muss, um auf das richtige Ergebnis zu kommen. Wie viele Bänke passieren Sie, wenn Sie in Pfeilrichtung losgehen und an der ersten Kreuzung rechts, an der zweiten links, an der dritten rechts und an der vierten wieder links abbiegen?

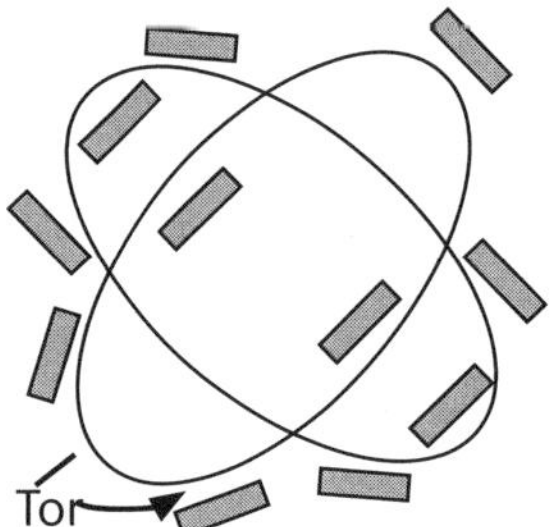

A (4) B (5) C (6) D (7) E (8)

Bei der Aufgabe C2 – einer 5-Punkte-Aufgabe – des Jahrgangs 2015 mit dem Titel »Prima Pfannkuchen« ist ebenfalls räumliches Vorstellungsvermögen nötig.

Hier müssen die Schüler in Gedanken nachvollziehen, in welcher Reihenfolge die einzelnen Pfannkuchen auf die Servierplatte gelegt werden.

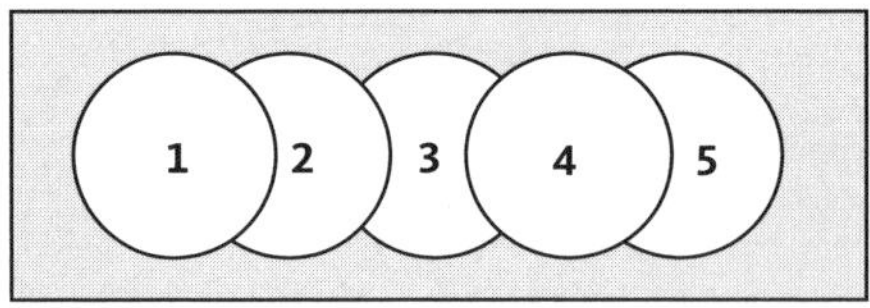

Dafür gibt es verschiedene Möglichkeiten, es gibt aber auch Abfolgen, die unmöglich sind. So kann zum Beispiel die Nummer 4 unmöglich vor der Nummer 3 oder der Nummer 5 auf die Platte gelegt werden.

Als Lösungsmöglichkeiten werden nun verschiedene Abfolgen angeboten und die Schüler müssen darunter diejenige finden, die auf keinen Fall möglich ist.

Diese Möglichkeiten stehen zur Auswahl:

(A) 3, 2, 5, 4, 1 (B) 5, 3, 4, 2, 1 (C) 3, 2, 1, 5, 4 (D) 5, 3, 2, 4, 1 (E) 3, 5, 1, 2, 4

In welcher Reihenfolge wurden die Pfannkuchen ganz gewiss nicht hingelegt?

Damit Sie auch eine Vorstellung davon bekommen, was Känguru bereits für die kleinen Denker bietet, möchte ich Ihnen auch noch eine Aufgabe aus dem Adventskalender mini vom 7. Dezember 2013 vorstellen (http://www.mathe-kaenguru.de/downloads/advent13/kaenguruadvent_2013_mini_all_color.pdf). Sie heißt »Auf dem Spielplatz«. Die vier Kinder, Jan, Nele, Tim und Paula vergnügen sich auf dem Spielplatz mit Bockspringen. Insgesamt stehen sieben Holzpfähle in einer Reihe. Die Kinder springen nun in ganz verschiedenen Sprungfolgen über die Pfähle. Paula ist am eifrigsten und springt über jeden Pfahl, kommt also auf 7 Sprünge. Die anderen Kinder springen nur über einige der Pfähle:

- Tim nur über den 3. und 5. Pfahl,
- Nele über den 1., 4. und 7. Pfahl und
- Jan über den 1., den 3., den 5. und den 7. Pfahl.

Nun soll verglichen werden, ob Paula wirklich – wie sie behauptet – fast so viele Sprünge gemacht hat wie die drei anderen Kinder zusammen. Dabei ist die Fragestellung durchaus knifflig. Die Schüler sollen nämlich herausfinden, wie viele Sprünge Jan, Nele und Tim zusammen mehr gemacht haben als Paula. Es muss also der Unterschied zwischen Paulas 7 Sprüngen und der Summe der Sprünge der anderen Kinder (2 + 3 + 4) ermittelt werden. Wie viele Sprünge haben Jan, Nele und Tim zusammen mehr gemacht als Paula?

Die Kinder sollen wieder die richtige Lösung ankreuzen. Weil es hier um einen Adventskalender und um Erst- und Zweitklässler geht, sind die Lösungszahlen nicht mit Buchstaben, sondern mit weihnachtlichen Bildsymbolen markiert:

Bei dieser Aufgabe ist mathematisches Denken nötig. Einfach nur an den Fingern die Sprünge abzuzählen genügt nicht. Damit sind wir genau dort, wo wir in einem sinnvollen, zum Denken zwingenden Mathematikunterricht hinwollen. Deshalb kann nur allen Kolleginnen geraten werden, diese wunderbare Quelle für echte Denkaufgaben, die sich mit dem Känguru-Archiv bietet, auch wirklich zu nutzen.

Entscheidend: Der Lehrer-Spaß an Mathe

Was auch immer Sie unternehmen, um sich selbst dem Fach Mathematik emotional anzunähern: Ihr Einsatz wird sich lohnen. Denn wenn Sie einmal begonnen haben, einen »alternativen« didaktischen Zugang zu diesem Fach zu schaffen, dann werden Sie auf dieser Schiene immer weiter machen. Wer langweilt sich denn schon freiwillig in seinem eigenen Unterricht? Das passiert doch nur, wenn man es nicht besser weiß. Zumindest bei mir war es jahrelang so, dass gerade Mathematik, das Lieblingsfach meiner eigenen Schulzeit, zu einer regelrechten Plage wurde. So ewig dehnten sich die Stunden, so wenig Begeisterung spürte ich bei den Kindern, so mäßig waren die Erfolge! Aber ich wusste es eben nicht besser. Doch das ist gottlob Geschichte. Ich möchte hier noch einmal Stanislas Dehaene zitieren, der mir mit folgenden Worten wirklich aus der Seele spricht:

> *»Ein Zahlenanalphabet rechnet aufs Geratewohl, ohne etwas zu verstehen. Der Zahlenexperte jedoch jongliert im Kopf mit Zahlbegriffen, geht mühelos von Zahlen zu Wörtern und von Wörtern zu Größen über und wählt aus einem reichen Repertoire den Algorithmus, der dem jeweiligen Problem angemessen ist.*
> *So gesehen spielt die Schule nicht sosehr deshalb eine Rolle, weil Kinder dort Rechenverfahren erlernen, sondern weil sie ihnen hilft, Verbindungen zwischen den Rechenverfahren und ihrem Sinngehalt herzustellen. Ein guter Lehrer ist ein Alchimist, der ein im Grunde modulares menschliches Gehirn in ein interaktives Netzwerk verwandelt. Leider erweisen sich die Lehrpläne unserer Schulen dieser Herausforderung oft nicht gewachsen. Nur zu oft versagt unser Schulsystem; statt die Schwierigkeiten zu beheben, zu denen das Kopfrechnen führt, vermehrt es sie. Die flackernde Flamme der mathematischen Intuition im Geist des Kindes muß gestärkt und genährt werden, bevor sie alle arithmetischen Aktivitäten erhellen kann. Die Schulen aber geben sich oft damit zufrieden, unseren Kindern bedeutungsleere und mechanische arithmetische Rezepte einzutrichtern.«*
>
> *Dehaene 1999, S. 163*

Liebe Kollegen, werden Sie Alchimisten, nähren Sie »die flackernde Flamme der Intuition im Geist der Kinder« und suchen Sie deshalb in allererster Linie einmal nach allem, was Ihnen selbst Freude und Begeisterung beschert.

Meine Anregungen hierzu sind nur exemplarisch zu verstehen. Der Fundus an Möglichkeiten ist viel reichhaltiger: Alles, was im Abschnitt »emotionale Dimension« aufgeführt ist, kann auch für Sie höchst wertvoll sein. Darüber hinaus gibt es in der »Knobelsparte« ein großes Angebot an Büchern und – ich finde diese Variante mittlerweile ebenfalls höchst brauchbar – unglaublich viele Anregungen im Internet. Ob Sie sich für Rätsel interessieren oder die Geometrie der alten Fadenspiele (bei Jungen und Mädchen außerordentlich beliebt!) neu beleben möchten, ob Sie die »Leonardobrücke« bauen oder sich überhaupt über verschiedene Phänomene der »echten« Mathematik informieren wollen: Hier steht Ihnen die Welt offen und Sie müssen nur zugreifen, zum Beispiel bei den hier aufgeführten Quellen:

- Streichholzrätsel, Bilderrätsel, Logicals u. v. m. auf: https://www.raetselstunde.de/l
- Fadenspiele auf: http://www.labbe.de/zzzebra und auf http://www.mathematische-basteleien.de/fadenspiel.htm

- Leonardobrücke und andere Brücken auf: http://www.spielundzukunft.de/spiele/kinder-entdecken-die-welt/bruecken-bauen-und-entdecken
- viele Einblicke in die Geschichte der Mathematik und die Welt bedeutender Mathematiker in: Kristin Dahl/Sven Nordqvist: Zahlen, Spiralen und magische Quadrate, Hamburg 1996
- Kristin Dahl/Mati Lepp, Wollen wir Mathe spielen?, Hamburg 2000
- Eine faszinierende Einführung in die Welt der Mathematik, die auch für ganz »normale« Menschen verständlich und vergnüglich ist, bietet Hans Magnus Enzensberger, Der Zahlenteufel, München Wien, 1997
- Es lohnt sich auch, gerade für »Begeisterungs-Einsteiger«, einen Vortrag von Albrecht Beutelspacher auf youtube anzuschauen, z. B.:
  - o einen Festvortrag von ca. 40 Minuten Dauer : https://www.youtube.com/watch?v=5NG-msbuBM4 (ebd., 2014) oder, wenn Sie erst einmal vorsichtig schnuppern wollen, einen der kürzeren Beiträge:
  - o über die Geschichte vom Schachbrett, ca. 15 Minuten: https://www.youtube.com/watch?v=f6UMdo81A1 g&list=PL12570B51A69CF67C (ebd., 2011a)
  - o über die Fibonaccizahlen, ca. 15 Minuten: https://www.youtube.com/watch?v=iPKUe-69PdA (ebd., 2011b)
  - o über Kryptographie, ca. 15 Minuten: https://www.youtube.com/watch?v=VeH0KnZtljY&index=2&list=PL12570B51A69CF67C (ebd, 2011c)

Doch ganz gleichgültig, für welchen Zugang Sie sich entscheiden, eines ist sicher: Wirklich guten Mathematikunterricht können Sie nur gestalten, wenn Sie selbst die Sache interessant und spannend finden, wenn Ihnen Ihr eigener Unterricht gefällt, wenn Sie sich genauso einen Unterricht auch für Ihre eigenen Kinder wünschen würden. Und deshalb führt kein Weg an einer einfachen Erkenntnis vorbei: Erst einmal müssen Sie selber ran an den »mathematischen Speck«, das ist der eigentliche und versteckte Mathe-Lehrplan vor dem sichtbaren und offiziellen. Dann erst haben Sie wirklich exzellente Chancen, Ihre Botschaft ans Kind zu bringen und für alle, wirklich für alle, Rechnenlernen möglich zu machen.

Also: Ab ins Eck mit den mathematischen Karnickelköpfen und auf zu lustvollen Taten!

Ausblick auf eine strahlende Zukunft

Wenn ich als Autorin meine Sache so gemacht habe, wie ich mir das vorgenommen hatte, dann sollte es mir gelungen sein, Ihnen glaubhaft darzulegen, wie schön und einfach es sein kann, Kinder in die Kunst und die Freuden des Anfangsrechnens einzuführen. Ihre Schüler werden dann nicht in Gefahr sein, mit unverstandenen Begriffen zu hantieren, im Dezimalsystem planlos herumzuirren und auswendig gelernte Algorithmen ohne jegliche Einsicht einfach nur stur abzuspulen.

Denn es liegt in Ihrer Hand, liebe Kolleginnen, genau das zu verhindern. Dabei helfen Ihnen allerdings nicht Lehrpläne und groß angelegte Programme, sondern Sie müssen sich ganz allein auf den Weg machen. Ein theoretischer »Masterplan zur mathematischen Weltverbesserung«, dem Lehrer als Gefolgsleute beigepresst werden, führt höchstens zu Stress und Unmut. Erfolge werden anders erzielt: Dafür braucht es Ihren ganz eigenen und leidenschaftlichen Wunsch nach Verbesserung. Viele Anregungen für die Gestaltung eines besseren mathematischen Lebens haben Sie in diesem Buch bekommen und noch konkretere Hilfen finden Sie in meinem schon einige Male erwähnten Rechenlehrgang (Buchner 2012a). Um Ihrer »mathematischen Reformrakete« die nötige Anschubkraft zu verleihen, wäre es außerdem noch sehr nützlich, sich auszumalen, wie schön es denn sein wird, wenn Sie auf Ihrer Reise ein gutes Stück vorwärts gekommen sind und einiges erfolgreich verwirklichen konnten, was Ihnen früher Probleme bereitet hat. Der Soziologe Alfred Schütz hat das Konzept der »antizipierten Retrospektion« entwickelt, bei dem der wechselseitige Bezug zwischen der Gegenwart und den Erwartungen für die Zukunft eine zentrale Rolle spielt. (http://www.hsozkult.de/conferencereport/id/tagungsberichte-3826) (Schütz 1972 zit. in Welzer 2013): Wir denken uns in eine Zukunft hinein und stellen uns vor, wie wir aus dieser gedachten Zukunft heraus zurückschauen auf das Jetzt. Welchen Weg mussten wir einschlagen, um dorthin zu gelangen? Und welch gutes Gefühl wird es sein, diesen Weg auch wirklich geschafft zu haben! Wie viel positive Kraft im Zurückschauen auf eine weniger geglückte Vergangenheit liegt, deren Überwindung wir uns als Verdienst anrechnen können, erlebe ich in der Arbeit mit Kindern sehr oft, wenn ich einem meiner Schüler vor Augen halte, welch große Leistung doch in seiner disziplinären oder leistungsmäßigen oder sonstigen »Besserung« liegt. Ich denke da an Seppi, dessen Augen jedes Mal zu strahlen begannen, wenn ich mich gemeinsam mit ihm erinnerte: »Weißt du noch, Seppi, wie oft du früher immer herausgerufen hast? Du konntest gar nicht abwarten, bis du dran warst. Und jetzt – das ist doch toll, wie du das jetzt kannst!«

Stellen Sie sich vor, wie es sein wird, wenn Sie über genügend verschiedene Handlungsmöglichkeiten verfügen, um im Rechenunterricht auftauchende Probleme selbstbewusst und tatkräftig angehen zu können, wenn Sie also die Ohnmacht des Ausgeliefertseins an »die Umstände« eingetauscht haben gegen die Macht des autonomen Handelns. Ihr »früheres Matheleben« wird Ihnen sehr weit entfernt vorkommen, wenn Sie begeistert und erfolgreich mit Ihren motivierten und denkfreudigen Schülern rechnen werden.

So etwas muss nicht Utopie bleiben. Der Begriff Utopie kommt vom griechischen ou = nicht und tópos = Ort, also Nichtland, Nirgendwo (Duden online 2017). Mit der richtigen Einstellung kann aus einem Nichtland aber ein Noch-Nichtland werden.

Malen Sie sich deshalb Ihre strahlende mathematische Zukunft in aller Buntheit und Deutlichkeit aus und meinen Sie nicht, Sie seien naiv oder gar dumm, wenn Sie sich das gestatten.

Im Hinblick auf gesellschaftliche Veränderungen schreibt der Soziologe Harald Welzer (2014, S. 138 f.,):

> »*Neugier, Sehnsucht nach anderem, Wünsche und Träume darf es […] durchaus mehr geben. Sie sind die eigentlichen Produktivkräfte des Zukünftigen.*«

Das gilt doch auch für uns, denn pädagogische Veränderungen sind in meinen Augen nicht nur ein erster, sondern der Schritt schlechthin zu gesellschaftlichem Wandel.

Damit aber das Mögliche entstehen kann, muss man es erst einmal versuchen und sollte nicht a priori alles für unmöglich halten. Ich habe so oft in meinem Lehrerleben gehört, dies oder jenes gehe auf gar keinen Fall. Und ich habe ebenfalls so oft erlebt, dass es ja doch geht. Wir alle kochen mit Wasser und keiner kann Wunder vollbringen. Aber es sieht manchmal wie ein Wunder aus, wenn in der Schule ungewöhnliche Dinge Wirklichkeit werden können. Dieser Eindruck entsteht allerdings nur deshalb, weil viel zu wenige Kollegen es wagen, ihr eigenes Potenzial auszubauen. Sie, liebe Leserinnen und Leser, haben die Chance, sich auf den Weg zu machen und zum mathematischen »Wundertäter« zu werden. Dafür wünsche ich Ihnen alles Gute. Sie haben es verdient.

Literatur

Aebli, Hans (2011): Zwölf Grundformen des Lehrens. Stuttgart.

Ayres, A. Jean (1984): Bausteine der kindlichen Entwicklung. Berlin.

Bauer, Joachim (2006): Warum ich fühle, was du fühlst. München.

Beutelspacher, Alfred (2014): Festvortrag an der Universität Trier anlässlich der Eröffnungsfeier der Ausstellung »Mathematik zum Anfassen!« Online verfügbar unter: https://www.youtube.com/watch?v=5NG-msbuBM4 (Abruf am 10.5.2017).

Beutelspacher, Albrecht (2013): Zahlen. München.

Beutelspacher, Alfred (2011a): Vortrag über die Geschichte vom Schachbrett. Online verfügbar unter: https://www.youtube.com/watch?v=f6UMdo81A1 g&list=PL12570B51A69CF67C (Abruf am 10.5.2017).

Beutelspacher, Alfred (2011b): Vortrag über Fibonaccizahlen. Online verfügbar unter: https://www.youtube.com/watch?v=iPKUe-69PdA. (Abruf am 10.5.2017).

Beutelspacher, Alfred (2011c): Vortrag über Kryptographie. Online verfügbar unter: https://www.youtube.com/watch?v=VeH0KnZtljY&index=2&list=PL12570B51A69CF67C (Abruf am 10.5.2017).

Buchner, Christina (2017): Unterricht entschleunigen. Weinheim, Basel.

Buchner, Christina (2012a): So lernen alle Kinder rechnen. Weinheim, Basel.

Buchner, Christina (2012b): Mathematik-Arbeitsblätter für die 1. Klasse. Weinheim, Basel.

Buchner, Christina (2002): Der Räuber Thalamus. Kirchzarten.

Buchner, Christina (1997): BrainGym und Co. Kirchzarten.

Cogen, M. (1958, 1993): La Grande Invention de l'écriture et son évolution. In: Ifrah, 1993: Universalgeschichte der Zahlen.

Comenius, Johann Amos (1658, 2012): Orbis Sensualium Pictus. Hrsg. Fonticola, Uvius. Frankfurt a. M.

Dahl, Kristin/Lepp, Matti (2000): Wollen wir Mathe spielen? Hamburg.

Dahl, Kristin/Nordqvist, Sven (1996): Zahlen, Spiralen und magische Quadrate. Hamburg.

Dehaene, Stanislas (1999): Der Zahlensinn. Basel.

Desselberger, Alex/Plewnia, Ulrike (2004): Verlassen von Adam Riese. http://www.focus.de/politik/deutschland/schule-verlassen-von-adam-riese_aid_201172.html (Abruf am 21.08.2017)

Doidge, Norman (2014): Neustart im Kopf. Frankfurt a. M.

Driesch, Johannes von den/Esterhues, Josef (1961): Geschichte der Erziehung und Bildung, Band II. Paderborn.

Duden online (2017): http://www.duden.de/rechtschreibung/Utopie (Abruf am 11.6.2017).

Eliot, Lise (2003): Was geht da drinnen vor? Berlin.

Enzensberger, Hans Magnus (1997): Der Zahlenteufel. München, Wien.

FOCUS online (2010): http://www.focus.de/wissen/mensch/neurologie-stromtherapie-hilft-mathematik-versagern_aid_568825.html (Abruf am 21.08.2017).

Ifrah, Georges (1993): Universalgeschichte der Zahlen. Frankfurt a. M.

Jürgens, Eiko (2010): Leistung und Beurteilung in der Schule. Sankt Augustin.

Lindgren, Astrid (1972): Immer dieser Michel. Hamburg.

Miller, George A. (1956): The Magical Number Seven, Plus or Minus Two: Some Limits on Our Capacity for Processing Information. Psychological Review,Vol. 101, No. 2, 343-352.

Münchner Merkur (2017): »Expertenstreit über rechenschwache Kinder« vom 4.5.2017

Orwell, George (2011): 1984. Berlin.

Schiller, Friedrich (o. J.): Gedichte und Dramen. Stuttgart.

Schütz, Alfred (1972): Teiresias oder unser Wissen von zukünftigen Ereignissen. In: Alfred, Schütz: Gesammelte Aufsätze, Bd. 2. Den Haag, S. 259–278; zit. in: Welzer, Harald (2013): Selbst denken. Frankfurt, S. 136 f.

Sinus an Grundschulen: http://www.sinus-an-grundschulen.de/ (Abruf am 8.5.2017).

The Scarlet Pimpernel (dt. Das scharlachrote Siegel). Directed by Clive Donner. 1982; Great Britain: Columbia Broadcasting System (CBS) (USA) (TV).

UZH News – Universität Zürich (2012): »Der Dyskalkulie Rechnung tragen«. http://www.news.uzh.ch/de/articles/2006/2020.html (Abruf am 20.4.2017).

Welzer, H. (2014): Selbst denken. Frankfurt am Main.

Wittmann, Erich Ch./Müller, Gerhard N. (2004): Das Zahlenbuch. Leipzig.

Wittmann, Erich Ch./Müller, Gerhard N. (1992): Handbuch produktiver Rechenübungen. Stuttgart.